一眼就读懂
人心的秘密

孙锴 / 编著

Secret

拥有阅人识人的能力，就会让你于细微处察人于无形，
迅速看透他人内心的秘密所在，能够极大地提高你说话办事的眼力和能力，
成为拥有超强人气的人际关系大赢家。

中国华侨出版社

图书在版编目（CIP）数据

一眼就读懂人心的秘密/孙锴编著. —北京：中国华侨出版社，2011.7

ISBN 978 – 7 – 5113 – 1057 – 6

Ⅰ.①—···　Ⅱ.①孙···　Ⅲ.①心理交往—通俗读物

Ⅳ.①C912.1 – 49

中国版本图书馆 CIP 数据核字（2011）第 112703 号

● 一眼就读懂人心的秘密

编　著/孙　锴

责任编辑/尹　影

经　销/新华书店

开　本/710×1000 毫米　1/16　印张 15　字数 220 千字

印　数/5001-10000

印　刷/北京一鑫印务有限责任公司

版　次/2013 年 5 月第 2 版　2018 年 3 月第 2 次印刷

书　号/ISBN 978 – 7 – 5113 – 1057 – 6

定　价/29.80 元

中国华侨出版社　　北京朝阳区静安里 26 号通成达大厦 3 层　　邮编 100028

法律顾问：陈鹰律师事务所

编辑部：（010）64443056　　64443979

发行部：（010）64443051　　传真：64439708

网　址：www.oveaschin.com

e‑mail：oveaschin@ sina.com

前言

　　这个世界上有着形形色色的人，不同的相貌、不同的性格、不同的处世方式，这些都让每一个人成为独一无二的个体。佛教中说："一花一世界。"实际上，每一个人也是一个单独的世界，在这个世界中，他按照自己的意愿和行为准则去做事，去和人交往。因此，有多少个单独的个人，就有多少个缤纷的世界。

　　人都有自我保护意识，有自己的私密空间，再加上信息不对称以及信任缺失等因素，一个人要想真正了解另一个人是很难的，这需要时间和共同的经历。大多数人都习惯戴上一副假面具，说着言不由衷的话，把真实的自己隐藏起来，然后去揣摩另外一个戴着假面具的人，这就是我们的现实世界。

　　于是，很多人开始感叹世态炎凉、人心不古，在他们眼中，几乎每一个人都是道貌岸然的伪君子。有这种抱怨的人不妨反观自己，对一个陌生人或者是不太熟的人，自己有没有敞开心扉、推心置腹。实际上，这并不是伪装的过错，而是我们自己缺乏一定的阅人技能。为什么有的人能够在职场如鱼得水，上司喜欢、下属推崇？为什么有的人能够好友遍天下，随时随地都有贵人相助？为什么有的人能够一眼认准自己真爱的人而不必经历失恋的痛苦？这是因为他们有自己的一套阅人本领，能够慧眼识人。

阅人的确是一项需要学习的技能，很少有人天生就有一双慧眼，大多数人都是经历了不断的打击和失败之后，才领悟到阅人的真谛。年龄是一种资本，我们常看到一些老人能在一瞬间识破年轻人的小伎俩，微微一笑之间，就已经看透了一个人。难道我们只能在年老之后才能学到这样的阅人本领？答案当然是否定的。

诚然，阅人需要不断地累积经验，但是阅人也有一定的技巧可言。一个人的相貌是天生的，有时候后天也会因为某种原因发生变化，但这种情况极为少见。在这与生俱来的相貌之中，其实就蕴涵着许多不为人知的性格密码——人们常说：眼睛是心灵的窗户，其实人体的每一个器官都能忠实反映人的内心，只有通过细心地观察才能看出背后暗藏的性格。同样，人的衣着打扮、言谈举止，这些外在的表现也都反映一个人的内心所想。除了长时间的相处之外，还有很多方式能够教给我们快速识别一个人。

本书把阅人之术分为五步：观其颜、观其行、察其态、听其言、品其德，由浅入深地讲解如何快速识人。相貌、举止、言谈、状态、品德，这五个方面几乎能够包含一个人的全部，学会了这五步，相信你就具有了一双识人的慧眼。

目录

第一篇　观其颜

有人说"人不可貌相",仅仅凭借仓促之间的粗浅印象是不能给别人下定论的。但这并不是说外貌形体跟人的性格没有半点关系,实际上,两者之间是有一定的规律可循的。每个人之所以相貌各异,除了生理上的因素外,心理因素也与之密切相关。眉毛、眼睛、耳朵……看似没有感情的器官,实际上蕴藏着丰富的性格特征。除相貌外,衣装打扮作为人外在形象的一种表露方式,也透露出人的一些心理,通过衣服的颜色、手表的样式、口红的颜色,你就能走进每一个人的内心,发掘其内心世界的秘密。

第一章　相貌是阅人的第一步／2

第二章　衣装打扮之下的性格／30

第二篇　观其行

　　古人认为看人不仅要听其言，还要观其行，这是不无道理的。谈话只是口头上的，而行为社交却是实实在在的。一个人的站姿、坐姿、走路的姿势，能反映出一个人的精神面貌；社交场合的行为表现和行事风格，能传达出一个人的内心所想。因此，我们能够通过一个人的行为社交探察其真实的心机，了解其性格，进而做出正确的判断。观其行除了需要仔细观察之外，更需要掌握一定的技巧，这样才能让我们在阅人的过程中事半功倍。通过本篇的讲解，相信你能从中有所启发。

第三章　行为举止透露出的心机／56

第四章　社交场合看出的心理／82

第三篇 察其态

要想成为真正的阅人高手，除了在交际场合多观察之外，还要从他人平日里的习惯和兴趣爱好入手。一个人的习惯是后天形成的，有什么样的习惯就会有什么样的性格；兴趣爱好则是一个人内心的自然流露，是不带任何掩饰的。这是一个人最真实的状态，是一个人性格的最佳表现方式，只要我们留意观察，看看他日常有哪些习惯，都爱好些什么，我们就能拨云见日，识得他的庐山真面目。

第五章 细节之中察人的潜意识／104

第六章　兴趣爱好现庐山真面目／128

目录 CONTENTS

第四篇　听其言

　　说话是人们日常交流的主要方式，人们的思想、态度和观念通过语言传递给彼此，进而让我们对别人产生一定的印象。言谈中有真有假、虚虚实实，要想从谈话中识破对方的心机，了解其性格，除了仔细聆听和观察外，还要掌握一定的技巧。你有没有留意过他惯用的口头禅，有没有注意他语速和音调上的变化，这些看似不经意的小细节里面其实大有文章。只有既听懂他的话中之意，又理解其弦外之音，从中考察出他是否在说谎，以及话语背后的心理动机，才能更深入地了解他人的性格，成为一个阅人高手。

第五篇　品其德

对一个人来讲，品德是最为重要的。一个人再有才华、再有能力，假如没有良好的品德，也只能是一个自私自利的人，对他人、对社会没有丝毫裨益。我们在平时的交际中，最需要防的就是这种品德不佳的小人。"金无足赤，人无完人"，看人的时候要全面，既要看到他的不足之处，又要看到他的闪光点。只要一个人本质不坏，就会有值得交往、值得我们学习的地方，这就需要我们练就一双慧眼，在与人共事时了解其品德。

第八章　品德是性格的试金石 / 182

第九章　学会识别多类型的人 / 203

观 其 颜

  有人说"人不可貌相",仅仅凭借仓促之间的粗浅印象是不能给别人下定论的。但这并不是说外貌形体跟人的性格没有半点关系,实际上,两者之间是有一定的规律可循的。每个人之所以相貌各异,除了生理上的因素外,心理因素也与之密切相关。眉毛、眼睛、耳朵……看似没有感情的器官,实际上蕴藏着丰富的性格特征。除相貌外,衣装打扮作为人外在形象的一种表露方式,也透露出人的一些心理,通过衣服的颜色、手表的样式、口红的颜色,你就能走进每一个人的内心,发掘其内心世界的秘密。

第一章 相貌是阅人的第一步

阅人从头发开始

一根细细的发丝能够检测出一个人的DNA组合，同样，通过头发，我们也可以从中看出人的性格趋向。

头发浓密粗硬，却能自然下垂。从外形上来看，这种人多半身体比较胖，而且也显得比较慵懒，不喜欢活动，但是他们的心思多比较缜密，观察事物细致入微。另外，这种人感情比较丰富，易动情，对情感不专一。

头发浓密且又粗又硬。这种人做事情有条理，懂得发挥自己的长处，有个人的理想和抱负；不容易相信别人，所以凡事都要自己动手操纵和掌握一切，才觉得放心；做事很有魄力，具有一定的领导才能，是典型的事业型人才。但是，这种人是理性动物，在涉及感情方面的问题时，往往会显得很笨拙。

头发稀疏且柔软。这种人有着较强的自我表现欲，他们喜欢出风头，更爱与人争辩，以吸引他人的目光，获得他人的关注。自负的成分在他们的性格中占了很多，他们妄自尊大，很少把他人放在眼里，尽管自己在一些方面表现得的确很糟糕。在做事的时候，他们多缺少必要的思考，所以常会做出错误的判断，而且还有疏忽和健忘的毛病。

头发稀疏且又粗又硬。这种人自我意识极强，刚愎自用，不能虚心接受别人的意见；不甘心被人领导，内心渴望能够驾驭别人；大多比较自私，缺乏容人的度量。虽然这种人头脑还算比较聪明，但是他们只专注于眼前，看不到长远的利益，由于目光比较短浅和狭窄，所以大多不会有多大的成就。

头发是人体一个很重要的部分，关系着人的整体形象。注重形象的人一般也很看重发型，对于经常从事公共活动的人来说，保持一个得体的发型更是必不可少的。

喜欢赶时髦，留时尚发型。这样的人小资情绪比较重，喜欢得到他人的夸奖和表扬，总是想赶在事物的前面；喜欢和别人沟通，有着处理人际关系的良好技巧；这类人中年轻人表现得会很前卫，中年人则就很有活力。

头发总是梳理得很齐整光亮。这种人很注重外在形象，有点完美主义倾向，对事物也比较挑剔，喜欢吹毛求疵，有的虚荣心较重。

喜欢留短发。这种人做事情干脆直接，有些人看重自己的感受，以自我为中心；有些人可能会比较骄傲，常会满足于自己的现状。

头发自然随意，没有明显的修理。这种人很多都是工作狂，拼命工作，希望获得上司的认可。他们一般对外表的东西不看重，喜欢内在的收获。

不管是男人还是女人都非常注重头发的问题，正所谓"爱美之心，人皆有之"，但是由于男女之间性格上的差别，他们的头发也往往有着不同的外在表现。我们通过这些不同的发型，就能看出男女的不同性格。

女人若留的是齐眉的短发，则显得天真活泼，性格好动；若经常留一头飘逸的披肩发，说明她比较清纯、浪漫；烫成满头卷发，代表这个

3

人对生活充满热情，或多或少地充满一些野性。女人把头发梳得很短，并保持顺其自然的状态，说明这个人比较安分守己，缺乏生活情趣，甚至是封闭保守的；如果她把长发梳理得很整齐，但并不追求某种流行的款式，则表明这个人可能比较含蓄，但有着较强烈的自主意识；如果她在自己的发型上投入很多的精力，力争达到完美的程度，说明这是一个自尊心比较强、爱挑剔、追求完美的人。

男人不管是留长发、剃光头，或是其他各种各样比较特别的发型，都有一个普遍的共同点，那就是标新立异，想别出心裁地突出自己，显示自己的与众不同。

喜欢留平头的人，大多是典型的男子汉形象。他们讨厌娘娘腔十足的人，比较欣赏很有硬气的人；他们自己本身看似很阳刚，但实际上也有温柔的一面；他们的思想从一定程度上来说还是相对比较保守和传统的，但是也很在乎自己在他人面前的表现。

头发又长又直，看起来显得非常飘逸和流畅。这种人的性格大多介于传统与现代之间，他们精通世故，又大胆前卫，只是要视情况而定。他们大多数有很强的自信心，对成功的渴望很迫切。

头发很短，看起来既简洁又方便。这一类型的人大多有勃勃的野心，但是他们的生活总是被各种各样的复杂事情所填充。他们缺少必要的责任心，在遭遇困难、面对挫折的时候，往往是选择逃避，所以尽管他们很想把这些事情做好，但实际上却什么也做不好。另外，这种人往往将工作做得很细致。

喜欢波浪形烫发的人，他们对流行是比较敏感的，大多很在乎自己外在的形象。他们能够把握自己的命运，无论是对任何一件事情，都会积极主导着自己的生活，使之达到符合自己的要求。他们比较现实，在绝大多数时候能够根据客观实际来协调和改变自己。

头发和胡须连在了一起，且又浓又粗。这种类型的男人，给人的第一感觉往往是彪悍、强壮。除此之外，他们多数性格豪放不羁，有侠义心肠，喜欢多管闲事，好打抱不平，多不拘于小节。

故意把发型弄得很怪。这种人有着很强烈的表现欲望，他们希望自己能够吸引更多的目光；他们对任何一件事情都有自己独特的见解和认识，并且会始终坚持自己的立场；他们经常不考虑他人的心情和感受，有什么话就说什么话，敢于同权势对抗。虽然这些人的行为有时显得让人有些难以接受，但却有不少人尊敬他们。

喜欢剃光头的人，多是努力在营造一种能够让人产生误解的想法，这样很容易给人一种神秘感，让人猜不透他们心里在想些什么。

对发型一点不在意，让自然来决定自己的发型。这一类型的人大多总是怨天尤人，但却从来不从自己身上寻找原因，更不会付诸行动去寻求改变。他们容易向别人妥协，所以很多行动并不是真正地发自内心。

从头部看出人的个性

头是一个人的重要组成部分。事实上，大家可以从"头"开始，去了解一个人各方面的情况。头为人的神明之府，人的智慧都集中在头部。所以观头识人智慧应该说是比较科学的。

人们常说情急之下不顾"头"，不顾"尾"，这种本能的反应说明，头是一个人的重要组成部分，通过观察一个人的头部，能够了解到很多的信息，因为从某种意义上说，头就是心灵的指挥官。

首先是头的形状。

长方形。这种人喜欢交际，擅长外交，态度温和有礼，友善和气，很聪明、机警。这种人想要达到目的，决不会动用武力，而会用他的外交手腕、机智、计谋。他们中的大多数适合做一名外交家、推销员。

这种人致命的弱点是：缺乏应有的魄力与行动能力，往往是有计划而无实际的行动。通常是善于挣钱却不善于理财，钱在他们的手里常常不会成为升值的工具。

四方形。这种人喜欢运动、性格活泼、精力充沛、不受拘束、追求自由、勇于探索，对野外运动情有独钟。他们不爱谈理论，而讲求实际，因此，一旦发表意见，就是非常有用的建议。

圆形。这种人永远是乐观的，对一切都感到安然惬意。他们和蔼、幽默、可亲可敬。在生活中，这种人天生喜欢享受，喜欢吃，喜欢睡，结果身体越胖越不免懒惰。假如女性有这种头形，倒成为男人追求的对象，他们最适合从事行政、管理、财会等职业。

新月形。这种人最大的优点是谨慎，他们从不盲目听信他人的话，沉着冷静，一般不会鲁莽行事，而且往往办事比较果断。他们办什么事都会前思后想，他们属于一旦行动就会成功的人。

平直形。拥有这种头形的人，如果鼻梁再挺一些，那么他们就是智慧型人才，往往是成功之相。假如鼻梁下陷、鼻孔上仰，那么就会是愚人之相。研究表明，他们反应比较迟钝，无论做什么事，失败的可能性比较大。他们也可能小有成就，但屡有波折。

三角形。此头形的人前额高而宽，下巴尖，脸形如一个倒三角形。智商高，勤于思考，善于逻辑推理，爱好读书及绘画、音乐等，创造力很强。由于不愿意到户外去活动，因此常常会感到体质较弱，整日处在无精打采的精神状态下。他们不喜欢体力劳动，有拍案而起的气魄，易冲动。

其次是头部动作的内涵。

头部猛然上扬然后回复一般的姿态。这一动作实际是初遇但还不十分接近时，它表示"我很惊讶会在这儿见到你"。惊讶是关键性的要素，头部上扬代表很吃惊的反应。用于距离较远时，头部上扬是用在彼此十分熟悉的场合，其时机是当某人突然明了某事物的要旨而惊叹"哦！是的，就是那样"的一瞬间。

将头部垂下成低头的姿态，它的基本信息是"我在你面前压低我自己"，但这不限于居下位的人。当同事或居上位者做此动作时，它的信息乃是以消极的方式表达"我不会只认定我自己"，然后变成这样的信息："我是友善的。"

颈部使头部从感兴趣之点往侧面方向移开，这基本上就是一项保护性的动作。或把脸部移开以回避对身体有威胁的事物，在特殊情况下，这个动作可借着掩饰脸部而隐藏自己的身份。

颈部把头猛力转向一侧，再使它回复中立的位置，这是单侧的摇头，同样传递"不"的信息。头部半转半倾斜向一侧是一项友善的表示，仿佛是同路人打招呼，传递的信息是："你与我之间，这蛮好的！"

颈部驱使头部向前伸并朝向感兴趣的方向。这个动作既可满怀爱意，也可满怀恨意。前一种情况是：两个相爱的人，伸长脖子深情专注地凝视对方的眼睛；后一种情况则像两个冤家伸长脖子，探出头部以表示他们不畏惧对方，而且瞪视对方如同洞察对方的眼睛；第三种情况则出现在某人渴望吸引你全部的注意力之时，因此他会探出他的脸，以阻挡你去看其他任何可能吸引你的东西。

当人们突然把头低下以隐藏脸部时，也可用来表示谦卑与害羞。在心怀敌意的情况下，把头低下则具有全然不同的意义，表示头部有紧迫的负荷，在此情况下，其主要差异在于眼睛向前瞪视敌人，而不是随着脸部而下垂。

抬头是有意投入的行为。职员进入领导的办公室，站在领导面前，注意到领导的头正低着在桌上写东西。假如他对眼前的人物有畏怯之感，那么他会静静地站在那儿，直到领导把头抬起来看他，这么简单的动作，就足以促使职员开口讲话。

头部歪斜。这个动作源自幼时舒适的依偎——小孩把他的头部依靠在父母的身上，当成年人（通常是女性）把头歪斜一侧时，此情此景就像在想象中的保护者身上一样，如果这个动作是用于玩弄风情，那么头部歪斜便有假装天真无邪或故意卖俏的意味，即表示：在你的眼中我只是一个小孩，我喜欢把头靠在你的肩上。

头部后仰。这是势利小人或十分有自信的人鼻子朝天的姿态。一个人会把头部后仰，其情绪变化包括：由沾沾自喜、桀骜不驯到自认为优越而存心地去违抗。总的来看，具有这种姿态的人是挑衅地仰视而不是温顺地仰视。

眉毛透露的性格语言

眉毛位于两只眼睛之上，就像一对亲兄弟，因此，眉毛长得是否对称，容易让人联想到兄弟是否和睦，与人的关系是否融洽。一个人的眉毛长得是否对称，与他的性格和能力有一定的关系。古人经常根据眉毛的长短来判断人的寿命的长短，这是很难加以论证的，虽然我们不可拘泥于此，但这也从另一个侧面反映了通过观察眉毛，我们能得到更多的信息。

所谓粗眉毛就是人们常说的浓眉毛。包括浓眉毛在内的各种各样的人，从性格上可以分成"积极型"和"消极型"两大类。浓眉毛的人属于"积极型"，给人留下的印象却是个性很强。与此相对，细眉毛的人给人留下的印象往往相反。

从日常观察中，我们会看到这种现象：多数男性的眉毛是直线形与前面所说的浓眉毛一样，也属于积极型。那么，那些长着近似于女性的曲线形眉毛的男性的性格又是怎样的呢？他们大多是具有女人的气质。道理虽然如此，但是，现在有了能使淡细的眉毛变得又粗又浓的荷尔蒙激素、"眉毛促生药"，还有所谓的"物理疗法"——有人说，早晨和晚上把唾液涂到眉毛上，然后轻轻地按摩，就能使眉毛变浓。由于上述种种后天的人为因素能改变人的眉毛的形状，我们只有在人们尚未采取上述种种人为的措施前来研究眉毛与性格的关系，才能得出准确的结论，否则，难免出现谬误，因而我们不要过分注重眉毛，但也决不可以忽视眉毛的作用。

对眉毛的要求有四个方面，即"清秀油光"、"疏爽有气"、"弯长有势"、"昂扬有神"，也就是说，眉毛应该有光、有气、有势、有神。在这四个方面，清秀油光显得尤为重要。一个人的眉毛，如果能够油光闪亮，就像珠宝那样熠熠生辉，价值连城；如果暗淡无光，就像珠宝黯然失色，可能就一钱不值了。

眉毛有光亮，显示这个人的生命力比较旺盛。通常的情况是这样：年轻人的眉毛都比较光润明亮，而老年人的眉毛往往比较干枯而缺乏光彩。这就是因为年轻人的生命力旺盛，而老年人的生命力开始衰退。

眉毛的光亮可以分为三层：眉头是第一层，眉中是第二层，眉尾是第三层。层数越多，等级越高，给人的印象越好，得到他人的提携越多，成功的可能性越大。因此，人们认为眉毛有光亮的人运气特别好。

眉毛有气象有起伏，给人一种文明高雅的感觉。眉毛短促而有神气，也给人一种气势。如果眉毛太长而缺乏起伏，就像一把直挺挺的剑，就会让人觉得过于直白。这种人的脾气比较火暴，喜欢争强好胜，一辈子都是自己把自己搅得不得安宁。如果眉毛太短，甚至露出了眉骨，又缺乏应有的生气，就会给人一种单薄的印象。这种人让人感到不舒服，有人无端地跟这样的人过不去。

眉毛长而有势的人会成功，正如古人所说的"一望有乘风翱翔之势"。可以这样说，这种眉毛具备了光亮、疏朗、气势和昂扬的优点，给人留下一种很好的印象。人们认为，这种人把"立德、立功、立言"三不朽全占了。即使一个人只有其中一项，也会叫人刮目相看，而三项都占的人自然容易成功。所以，在观察一个人的时候，观察他的眉毛是非常必要的。

　　眉毛也具有表情的功能，通过眉毛的一举一动，我们能够看出对方内心深处的感情变化。过去曾有人认为眉毛的主要功用是防止汗水和雨水滴进眼睛里，其实不然。眉毛本身是有这种功能，但更重要的还能传递肢体语言。

　　随着人们心情的改变，眉毛的形状也会跟着改变，这可以被称为"眉毛的动作"。很多人都把一张皱眉的脸视为凶猛的象征，其实那和自卫有很大的关系，因为真正带有侵略性的、一张毫无畏惧的脸上，呈现的反而是瞪眼直视、毫不皱锁的眉。

　　惊奇、错愕、诧异、快乐、怀疑、否定、无知、傲慢、希望、疑惑、不了解、愤怒和恐惧，这些都是我们可以从对方皱眉这个动作中可以看出的内心表情。

　　一个深皱眉头忧虑的人，基本上是想逃离他目前的处境，却因某些原因不能如此做。一个大笑而皱眉的人，其实心中也有轻微的惊讶成分。

　　两条眉毛一条降低，一条上扬，它所传达的信息介于低眉和扬眉之间，半边脸显得激越、半边脸显得恐惧。眉毛斜挑的人，内心一般处于怀疑状态，扬起的那条眉毛就像是提出一个问号。

　　眉毛打结，指眉毛同时上扬及相互趋近，和眉毛斜挑一样。这种表情通常表示严重的烦恼和忧郁，有些慢性疼痛的患者也会如此。急性的剧痛产生的是低眉而面孔扭曲的反应，较和缓的慢性疼痛才产生眉毛打结的现象。

从某些情况而言，眉毛的内侧端会拉得比外侧端要高，而成吊梢眉似的夸张表情，一般人假如心中并不那么悲痛的话，是很难勉强做到的。眉毛先上扬，然后在几分之一秒的瞬间内再下降，这种向上闪动的短捷动作，是看到其他人出现时的友善表示。它通常会伴着仰头和微笑，但也可能自行发生。尾毛闪动也常常见于一般的对话中，作为加强语气之用。每当说话时要强调某一个字的时候，眉毛就会扬起并瞬息落下。比如，不断在强调："我说的这些事都是很惊人的！"

眉毛连闪，是表示"哈啰！"连续地连闪就等于在说："哈啰！哈啰！哈啰！"如果前者是在说话的话，大多数人讲到要点时，会不断耸起眉毛，那些习惯性的抱怨者絮絮叨叨时就会这样。

除了皱眉之外，眉毛还有一种动作，就是低眉。当人们受到侵略的时候，通常呈现出这种表情，因为这是一种带有防护性的动作，通常只是要保护眼睛，免受外界的伤害。我们通常所说的"低眉顺眼"，就是这种表情。

眼睛是心灵的窗户

人们常说，眼睛是心灵的窗户。透过一个人的眼睛，我们能够读懂他的内心，即便只是静止着的双眼，也在透露性格的秘密。由此，我们可以知道眼睛在阅人识人方面的重要地位，可以说，眼睛就是写在脸上的心。

眼睛的类型

根据科学调查，眼睛从外形上来看，大致分为以下几种类型：

两眼对称，外形稳定，视觉上与其他面部器官较为和谐。这种人心态沉稳，做事情有条理，能够合理安排调度自己的时间和工作，有成为一个成功者的潜质。

眼窝深陷，眼球四周看起来有较大的凹陷空间。这种人比较深沉，心细如发，考虑事情详细周到，但是尽管面面俱到，这种人也会经历接连不断的挫折。

眼睛偏小，白眼球较多。这种人心思细腻，头脑灵活，给人的印象多为阴险狡诈，让人不易把握。这种人做事情往往会标新立异，不循常规；与人交往时会显得比较功利，不讲究感情。

眼球外凸，眼睛大而明亮。这种人很聪明，有自己的个性，学习上往往是佼佼者，业务上通常是领头羊。目光比较敏锐的人，往往能够用自己的手腕控制局势，果敢坚决，属于能力很强的领导型人才。目光显露天真无邪的人对朋友讲义气，因此其人缘较好。

眼形大而且眼珠大。这种类型的人一般触觉敏锐、热情豪迈、富有激情。但他们缺乏恒心，无论男女都是易热易冷，来得快、去得快，容易随周围条件的变化而转变。

有眼袋，眼角上翘。这种人善于社交，有着较好的异性缘，能够获得长辈和上司的欣赏喜欢。适应能力强，能很快地和周围的朋友或同事打成一片。

长有"童子眼"的成年人。一般说来，小孩子的眼珠是比较黑的，而成人的眼珠颜色大多是咖啡色的。如果一个成人的眼珠还是偏向黑色的，而且眼神充满童真，称之为"童子眼"。这种人胸无城府，待人真挚，但有时会因为诚恳而受骗，包括感情方面。

"鸳鸯眼"或"大小眼"。无论男性还是女性，若左右两只眼的大小不同，只要从外观上一眼就能看出来，在识人学上称之为"鸳鸯眼"或"大小眼"。鸳鸯眼的人善于察言观色，天生有灵敏的头脑，懂得如何待人接物，为人处世比较有手腕，并且情感路上也会多姿多彩。

眼睛的语言

有时候我们会说，这个人的眼睛会说话，这种人属于眼睛比较灵动的类型。而事实上，经过一定的学习，无论是什么人，我们都能通过他的眼神知道他心里正在打什么主意，正在想的是什么。

当一个人用从上到下或者从下到上的眼光扫视对方的时候，表示对对方的轻蔑和审视。当一个女人对男人表示好感的时候，她会通过眼睛说出嘴上不能说出的话，就是睁大她充满活力的眼睛。当一个女人表示拒绝的时候，她就会用轻蔑嘲笑的眼神、愤怒的眼神，来表示她嘴上不愿说出的情感。

当与对方进行谈话的时候，如果对方移开眼光直视远处或者目光游移不定，这表示他根本不关心你说什么；如果对方的眼光充满灰暗时，说明对方可能有不顺心的事或发生了什么意外的事情；如果对方的眼睛突然明亮起来，则表示你的话触动了他的心灵，激起了他的兴趣。如果对方瞪着你不放，嘴里却不由自主地说："哎，事到如今，听天由命吧！"这种态度表示自己的谎言即将被揭穿时，不由自主地显示出一种故作镇定的姿态。

我们和上司打交道时，可以通过对其眼睛的观察来洞悉其内心的一切：上司的目光锐利，表情不变，似利剑要把下属看穿，这是一种权力、冷漠无情和优越感的显示，同时也在向下属示意：你别想欺骗我，我能看透你的心思；上司说话时不抬头、不看人，这是一种不良征兆，说明他轻视下属，认为此人无能；上司久久地盯住下属看，说明他对下级的印象尚不完整，他在等待更多的信息；上司友好和坦率地看着下属，说明下属很有能力、讨他喜欢，两个人在工作上有了一定的默契；上司向窗外凝视，不时微微点头，这是非常糟糕的信号，它表示上司不管下属说什么、想什么，他都充耳不闻，他要下属完全服从他。

锻造一双透视眼

所谓的透视眼，就是能够透过眼神去窥视人的心理活动，这是人们在社会生活中常用的方式。但是如果你想有意地、主动地去从眼神中透视对方心态，就必须掌握有关的理论和技巧。

挤眼睛是用一只眼睛向对方使眼色，这需要两人间有一定的默契程度，它所传达的信息是："你和我此刻站在同一战线上，任何其他人都不知道我们的秘密。"在社交场合中，两个朋友间挤眼睛，是表示他们对某项主题有共同的感受或看法，比场合中的其他人都接近。这种动作包含两人间存有不为外人知道的默契，会使其他人产生被疏远的感觉。因此，在社交场合，这种举动都被一些重礼貌的人视为失态。

斜眼瞟人是一种偷偷地看人一眼又不愿被发觉的动作，它传达的是羞怯腼腆的信息。这种动作的潜台词是："我太害怕，不敢正视你，但又忍不住地想看你。"

眨眼有很多说法。超眨的动作单纯而夸张，眨的速度较慢，幅度却较大。这种动作的语言是："我不敢相信我的眼睛，所以要大大地眨一下，确定我所看到的是事实。"睫毛振动时，眼睛迅速开闭，是种卖弄花哨的夸张动作，好像在说："你可不能欺骗我哦！"

目光炯炯望人时，上睫毛极力往上抬，几乎与下垂的眉毛重合，这是在传达某种惊怒的表情，这种表情通常是令人难忘的。

眼睛往上吊，这种动作暗示此人心里藏着不可告人的秘密，喜欢有意识地夸大事实。通常这种人的性格消极，不敢正视对方。

眼睛往下垂，这个动作有两种解读：一是轻蔑对方，一是不关心对方的情形。这种动作的发出者一般个性冷静，本质上只为自己设想，是任性的人。

鼻子暗藏的性格特征

人外貌的健康程度和特征可以反映人的内在品质，正因为如此，我们才可能从外貌观察人。鼻子同样也能起到这个作用。从中医学的角度来看，鼻子主导人的心脏，从鼻子可以看出心脏的健康程度。一个人有美观的鼻子，不仅说明他身体健康，通常还能给自己带来好运。

鼻子的外形分类

鼻子大而挺，鼻梁骨很高，这种人运气很好，关键时刻总会有贵人帮助，再加上自身的努力奋斗，很容易就会成就一番事业。

鼻子过于短小，这种人缺乏好运气，即使升迁，也难有前途；如要自行创业，也会遇到很多困难和挫折，且没有贵人相助。

鼻小面大，或鼻瘦面形肥，这样的人能力不强，不能独当一面；往往会把功劳归于他人，过错则归于自己，受人欺压而又毫无办法，属于劳多获少的人。

鼻子小而鼻孔大，或者鼻翼很明显的一大一小，这种人在情感上缺乏理智，容易意气用事；也缺乏一定的理财观念，不会累积财富，属于不会抓住机会的人。

酒糟鼻，这种鼻子外形很难看，并且发红，健康度较为一般，有这种鼻子的人心里常常隐藏难以言说的痛苦，做事情往往也没有条理，很难为他人认同。

大鼻子和小鼻子

硕大、有力的"高鼻梁"的鼻子，一般被人看成是强势人物的象征。稍微有点大的鹰钩鼻，其形状就像老鹰嘴一样，而鹰是鸟类王国中身体最大、最凶猛、最有力的动物之一。很多国家都以鹰来作为国家的象征，这一般是为了表示力量。

一般来讲，男人的鼻子比女人的要大。如果某个女子的鼻子下巴特别大，那很可能是由于体内的睾丸酮成分过多的缘故，而且可能具有争强好斗的性格。

翘起的狮子鼻、纽扣形的鼻子和上翘的翘鼻子，这是一般人印象中漂亮女子所拥有的鼻子，但这并不是说生有狮子鼻的女子就缺乏争强好斗的精神或竞争实力。很多女政治家和女社会活动家，她们生着的就是小鼻子，但是其自尊心和能力都很强，也作出了举世瞩目的成就。因此，我们不能够说大鼻子的人强势，而小鼻子的人弱势。

鼻子的语言

鼻子和耳朵是人的五官中最缺乏活动的部位，我们一般很难从观察静态的鼻子读出对方的心理。但是如果我们平时的观察够细致入微，那么我们发现其实鼻子也有自己的"语言"。

鼻子伸缩。据科学研究证实，在有异味和香味刺激时，鼻孔会有明显的伸缩动作，严重时，整个鼻体会微微地颤动，接下来往往就出现"打喷嚏"的现象。这些"动作"，都是鼻子在发射信息。

鼻头冒汗。排除平时有这个毛病的人，如果人偶然鼻头冒出汗珠，这表示对方心理焦躁或紧张。如果对方是你的谈判对手，必然是急于达成协议，由于他唯恐交易一旦失败，就会对自己造成巨大的损失，让自己失去好机会，这种状态下心情就容易焦急紧张，而陷入一种自缚的状态。因为紧张，鼻头才会发汗。而且，紧张时除了鼻头会冒汗以外，有时腋下等处也会有冒汗的现象。和自己没利害关系的对方，假如产生这种状态，有两种可能：一是他心有愧意，受良心谴责；二是为隐瞒秘密而紧张所引起的。

鼻子胀大。在谈话中对方的鼻子稍微胀大时，大多数情况下是表示对你有所得意或不满，只是情感被抑制住了。通常情况下，人的鼻子胀大是愤怒或者恐惧的表现，因为在兴奋或紧张的状态中，呼吸和心律跳动会加速，所以会产生鼻孔扩大的现象。因此，"呼吸很急促"一语所代表的是一种得意状态或兴奋现象。至于对方鼻子胀大是因为得意而意气昂扬，还是因为抑制不满及愤怒的情绪所致，这就要从谈话的具体内容和对象的其他各种反应来判断了。

鼻子变色。鼻子的颜色一般不会轻易发生变化，但是如果鼻子整个泛白，就显示对方的心情一定很矛盾，处于一种犹豫不定的状态。如果是交易的对手，或无利害关系的对方，便不要紧，大多是他踌躇、犹豫的心情所导致的。比如，交易时不知是否应提出条件或者降低条件，或提出要求而犹豫不决时的状态。

这类情况也会出现在向女子示爱却惨遭拒绝的时候。这种情况下，男性一般会因为自尊心受损而导致心中困惑、有点罪恶感、尴尬不安，这些不良情绪会使鼻子泛白。

上述的鼻子动作或表情一般不容易观察到，但它们确实反映出对方内心的一些变化。如想尽快地看懂一个人，就必须对人的鼻子各种各样的微妙动作详加注意，只有这样才可能快速看透对方心理。

耳朵里面有玄机

耳型与耳貌与生俱来，一个人的成长经历与生长环境变化再大，也不会对耳朵有多大影响。而人的其他器官则不同，例如鼻子，如果一个人有爱抽动鼻子的不良习惯，时间长了他的鼻子皮肤会松弛出皱；再比如眼睛，有的人过于操心或者心情不好，可能会让眼睛周围过早地出现皱纹。以上说的这些情况，在耳朵上都不会出现，正因为如此，耳朵被称为"童年缩影图"。一对美观敦厚的耳朵，会让一个人终生受用。

耳朵大致可分为有耳垂与没耳垂两种形状。有耳垂的人，个性温和，处理事情井然有序，不会太急，在人际关系方面也较圆滑。寺庙里的弥勒佛有着硕大的耳垂，这被人认为是较有福气的。

没有耳垂或者耳垂小的人，如果内耳部分也突出，这种人有一颗叛逆的心。他们经常唱反调，你说向东他偏要向西，奇怪得很，实在让人伤脑筋！没有耳垂的人，个性冲动，缺乏理性思维；反应机灵敏锐，不肯吃亏，想占这种人的便宜是非常困难的。

形状规则的耳朵，一看就觉得圆滑丰满，这种人的人际关系相对会好些。但是有些人，他们的耳形似乎存在，但肉质却松软无力，轮廓虽然分明但耳垂不丰润。这种人大都不仅六亲无缘、智力低下且属下不肯相助，而且成就不了大事。所以，在生活和事业上，他们都是不良的合作伙伴，一般应该退避三舍。

还有一些人，他们耳小鼻大。这类人有很强的自我意识，无法容纳别人，人际关系很差，因而无贵人相助，一生劳碌。他们尽管忙忙碌碌，终究是入不敷出。这类人一生难聚财，即使在商海中也多是赔本赚吆喝的人。还有一种人的耳形很大，且没有光泽，耳垂过薄且尖而小。他们缺衣少食，到了晚年更为凄凉，更无晚辈属下的缘分。他们很适合当基层公务员，而不适合当老板或主管。

耳形极小，而且耳朵不正，外轮收而不放又无垂珠。这种人一般易招惹麻烦，大多成为盗贼，喜投机或以开公司为幌子招摇撞骗，必须对他们提高警惕。

耳朵耳形过大，但双眼极小。这种人没有福禄之命，心地不开阔，事业上也是一波未平，一波又起，所以不会有什么事业。

耳朵外无形，内又无形。这种人平生命运不济，难成事业，并不善终。实际上，他们做事毫无条理和缓急先后的概念，所以，计划对他们来说应该是第一要著。

耳朵虽然轮廓分明，但耳肉薄削见骨。这种人即使有所成就，也是名多于利，不适合从商，只适合从事文学、艺术方面的职业。如果耳相好但鼻尖不丰者，则是徒有虚名。

耳朵的耳轮向外反，耳廓露在外面。这种人虽精明干练，但缺乏财务成本概念，往往因意气用事而在刹那之间转向厄运，让事业毁于一旦。不过，耳反的人如果能贴脑，则事业有成而财源有道，一生富足。

只有上耳外轮而无下耳外轮。这种人一生颠簸，事业时成时败，研究表明，这种耳相代表上火下水不济，因此他们性情时常反复，一生漂泊不定，很难稳定在某一事业上。

尽管耳轮外反，耳廓显露，但耳贴脑又有垂珠。这种人一生事业有成但属大器晚成型。为人也属于愤世嫉俗型，往往对世态炎凉发出感叹，人情较薄，是很难相处的人。

耳朵的耳内廓向外反，耳外廓又无轮，额头横纹乱布，且两眉间有皱纹。他们很可能自青少年时期开始就运势不顺，人际关系和财运也差。所以，他们平淡的一生中还点缀着郁郁寡欢。耳廓、耳轮或耳孔内生有黑痣、黑斑，再加上眉鼻相理不良。这种人属于感性中人，很可能会惹上是非之灾而出现于法庭。

耳朵的形状向前张开，似乎能够招风，这就是我们经常说的"招风耳"，这种耳朵会像雷达网一样接收讯息。招风耳表示此人擅长搜集各种各样的消息，对事情有自己独到的见解，有的还喜欢从事带有冒险性的工作。但是这种人有投机、疑心病重、吹毛求疵等缺点。

左右耳对称、耳型好的人，通常有容人长处的宽大心胸；左右不对称、耳型差的人，则通常嫉妒心强，看到他人一帆风顺就心里不平衡。耳朵长度超过嘴巴，富有群众魅力和领导才能。耳朵往后贴，从正面看不到耳朵全貌的人，比较能吃苦耐劳且守口如瓶。

耳朵的位置高于眉的位置，这种人智力高超，思想纯正，少年时就可能拥有名利，如其他五官配合得宜，则表明他们必将在商场上成为闯将。另一方面，若他们耳高于眼，且其他各官配合得当的话，也代表他们统御才能超群，官途财运必然亨通。但如果他们耳朵低于眼，为虎欺龙之相，这就会预示着此人青年以后会病魔缠身，并有大难发生。

耳朵的肌肉厚薄可以反映个人持续力和童年的顺利程度。耳朵薄，表示贯彻事情的意志薄弱；耳垂的肌肉厚重且往前翘者，进取心强，个性外向好动，为人固执而积极，具有领导才能。

嘴型与人的性格

嘴是我们与外界交流的一种主要的器官。医学研究发现，嘴的大小、弹性，可以显示出一个人的健康程度。此外，嘴部的惯常动作，也会影响一个人先天形成的嘴形。正因为如此，我们能从嘴形窥探出一个人的内心世界。

嘴的类型

嘴按照形状来分，可以分为以下几种类型：

四字形。这种嘴形似长方形一般，上下唇都比较厚。这种人老实忠厚，踏实认真，富有正义感，性情温和，头脑比较灵活，比较容易成功。

新月形，唇角上扬。这种人情感丰富，有幽默感，性格活泼。同时头脑灵活，思路清晰，意志力强，执行能力也强，因此他们总是能很快地找到自己合适的工作，让其他人感觉很羡慕。

伏月形。此种嘴形唇角下垂，有这种嘴形的人一般性格较为谨慎，但有些冷峻，脾气怪异，和人不太容易相处，并且好怨天尤人。因此，这种人一般不善交际，人缘也不是很好，喜欢独来独往。

一字形。上唇与下唇紧闭呈一字形，这是有信念、意志力强的体现，这种人一般身体健康，做事严谨认真。

修长形。嘴形修长，这样的人性格明朗，诚实守信，懂得人情世故，人缘较好，属于个性比较受欢迎的类型。

盖嘴形。上唇突出，盖住下唇的嘴形，拥有这种嘴形的人比较明事理、讲道理、有义气、个性强，有着比较完美的人格形象。

承嘴形。下唇突出，似乎是承住上唇一般。这种人想法很奇特，爱讲歪理，并且猜忌心重，任性自私，因此也较难得到上司的赏识和提拔。但是，这种人忍耐力强，能够承受较大压力，这也是一个成功的基本要素。

怪嘴形。用嘴吹火般的嘴形。这种人有独立的性格和与众不同的特质，但有时候不免粗野、顽固，这对人际关系有一定的影响。另外这种人大多好说闲话，容易造成与别人的纷争。

嘴唇的形状

我们平时观察一个人的时候，通常会先看到他们的嘴唇。一个人的嘴唇应该是红润有光泽的，而且通常应该上下对称。从一个人嘴唇的形状，我们也可以来看他们的人生。

厚嘴唇的人通常被认为是乐观的。从生理上讲，口轮匝肌的运动对嘴部的形状有很大的影响，习惯性地放松口轮匝肌，就会让嘴唇变得丰满。这种人性格开朗、平易近人、接受能力强。

和厚嘴唇相反，绷紧的或薄的嘴唇则象征着为人严谨，这种嘴唇是由于经常地绷紧口轮匝肌的结果。嘴唇较薄的人大多好辩而且伶俐机警，沉着冷静，但他们多是薄情之人。

嘴唇比较长的人有很强的好胜心，他们非常现实，能够根据现实情况的变化及时调整自己，改变自己的策略，这种人的办事能力较强。

嘴唇短小的人一般都是感性的人，这种人有各种想法，但却缺乏果断力，常常在多种选择之间犹豫不决，易于动摇。

嘴唇两端下垂的人性格比较消极，抑郁、悲观、脾气古怪、易怒、固执，这些消极的性格因素导致他们和别人很难相处。

鼻子下直到上唇边的一道直沟，这个地方很能表示一个人的个性。直沟长的人，他们生性多疑，如果别人夸奖他们，他们会认为人家对他另有用意或有所求。但这种人比较公正，敢于承担责任，对这种人，不必去恭维他，可给他一点公正的批评，但不可故意吹毛求疵。

直沟短的人，表示这个人非常喜欢受到夸奖，而且天生敏感。遇到这种人，主动夸奖将会迅速赢得他的欢心。但要注意千万不可批评他或责备他，因为他有着敏感的神经，即使我们是出于善意，他对于我们的批评或责备也会觉得很难堪，甚至产生交恶的后果。

现实生活中，直沟长的人较少，大部分人的直沟都是不长的。因此，大多数情况下，我们最好要多夸奖而少批评他人。

嘴部的小动作

不知道你有没有玩过"贴嘴巴"的游戏，就是在不同的脸上贴上不同表情的眼睛和嘴巴，不同的搭配会产生不同的表情。人们总以为，眼睛是一个人情绪的全部表现，可是同一个眼睛的表情搭配不同嘴巴表情后，结果让人大吃一惊。由此我们可以看出，嘴巴也是重要的表现工具。

自然状况下，嘴角会有不同的弧度，我们可以据此来判断一个人的性格和内心世界。

嘴角稍稍有些向上的人是一个标准的绅士。这种人头脑机灵，性格活泼外向，心胸也比较开阔，为人处世比较圆滑，待人接物也很随和。

说话时嘴唇的两端稍稍有些向后，这种动作表明他正在集中注意力倾听谈话，通常情况下，这种人意志不太坚定，容易受外界的影响，做事情有半途而废的危险。

嘴抿成"一"字形的人性格较为坚强，吃苦耐劳，交给他的任务一般都能圆满地完成，因此能够得到上司的赏识，有较多的机会得到升迁和提拔。这种人大多是个实干家。

喜欢把嘴巴缩起的人干活认真仔细，是一个好帮手，但这种人一般疑心病很重，不容易相信下属，因此不适合做领导。另外，这种人不善于与人沟通，容易封闭自己。

下嘴唇往前撇，这种人有着较强的怀疑精神，他并不相信对方所说的是真实的，而且试图立刻找到证据来反驳你的理论。

手语中看人的性格

手在人们的生活中有着极其重要的作用，我们做许多事情都是离不开双手的。作为人体一个重要的器官，我们也可以通过双手来分析对方的心理。

手型

在《周易》中，手型是所有手相分析中最简单又最准确的应用方法。可以说，手型决定了一个人基本的性格与价值观，同时也决定了一个人做事的方法与态度。由此，通过认识各种手型来分析对方性格就显得很有必要了。

金型手。其特征是：手掌及五指方中带圆，手指的指根到指间粗细差不多，指甲略成方形，骨肉均匀有弹性，不厚、不薄、不露骨，掌肉结实。

有这样手型的人，通常对自己有着很高的要求，个性刚强正直、意志坚定、精明干练，具有在团体中领导统率的能力。他们大多深具同情心，并且勤劳节俭、认真负责、做事设想周到、很有决断力、能文能武。缺点是有些急功近利，喜欢追根究底，做事情的时候不知变通，待人处世不免有些吝啬。

木型手。其特征是：皮肤色较深，掌平而长，厚薄适中，坚实而具弹力，掌背筋肉和血管隆起，骨关节较高，指背纹较明显，手指及指甲均长，瘦削而起节，指端介于方及尖之间，拇指强硬刚正，不易屈曲。

具有这种手型的人，一般智商较高，善于冷静地分析事理，有独立思想，忍耐力特强，受得起沉重打击。为人慷慨大方，对金钱决不吝啬，但性情傲慢，多迷信于宗教。

水型手。其特征是：手指呈圆锥状，像嫩笋一般，指尖略带圆形，肉肉的，肥嫩可爱，好像掐得出水一般，手掌略长，指甲长而不方。水形手比较丰腴，指背有毛，握手时让人感觉到柔软而温暖。

有这样手型的人，通常家境不错，受长辈宠爱。脑筋灵活，个性敏感，有细腻的观察力，乐观开朗且有同情心，同时也喜欢幻想。但是个性感情也颇善变，比较易热易冷。

火型手。其特征是：十指尖尖，手指从指根一直往上呈窄尖状，掌形略长也成尖形，比其他的手型要细薄，柔软而纤瘦，皮白肉细，指甲透着粉红肤色。

有这样手型的人，很有艺术才华，个性上充满理想，但是容易多思多虑，一般是想得多而做得少。这种人大都头脑十分灵活，表面上看起来虽然慢条斯理、一派悠闲，内心却是个急性子，也有些不务实。有时候很率性，有时候又敏感而神经质，很容易相信别人，所以比较容易受骗，一般有这样手型的人以女性居多。

土型手。其特征是：手掌与手指略扁，手掌宽厚结实，手指厚实，有一点像药剂师调药用的小棒，皮肤略粗糙，肤色略微偏黄。

这种手型的人，大都有冒险家的精神。个性上热爱自由，不喜欢受约束，也不会墨守成规，经常会不按牌理出牌，所以常有可能被人家视为怪胎。他们通常精力充沛、能接受流行思潮，也有克服困难突破现状的勇气。

手的一些习惯

习惯用右手做事的人，左半脑通常比较发达，做事注重条理性，逻辑性强。他们比较善于处理有关数理方面的问题，但在美学、文学等方面则要相对逊色许多。

习惯用左手做事的人，右半脑多比较发达，具有很丰富的想象力、很强的创造力，感觉比较灵敏和准确，但是这样的人在很多时候不能与社会合拍，常常特立独行。

有些人喜欢留长指甲，这样的人一般有着很强的占有欲望，他们随时做好了争取的准备，只要时机一到，就会立即付诸行动。这种人通常容易招惹是非。

喜欢涂非常性感、能引人注意的指甲油的人，不仅爱美，同时还有着很强烈的表现欲望，他们时刻希望能够引起他人的兴趣。相反，喜欢涂不花哨的指甲油的人，虽然很爱漂亮，但为人低调，不喜欢张扬。

经常把手指合在一起的人，理智和情感总是在不停地交战，经常处在一种非常矛盾的状态当中。然而这种人多能很好地掩饰自己，虽然他们的内心是非常不平静的，但他们的表现却是一副处变不惊的样子。

总是紧握着拳头的人，有着较强的防御意识，因为他们大多比较缺乏安全感。他们很少主动去攻击别人，只是害怕别人的攻击。除了缺乏安全感以外，经常握着拳头的人，一般富有同情心而又善解人意，能够关心体贴别人。

很多人喜欢将一只手放在另外一只手上面，但这要区分不同的情况。如果是左手在上而右手在下，则说明这是一个比较感性的人，他们通常会依照自己的直觉来完成某件事情。

用手指扭头发，要分两种情况来讨论这一肢体语言：一种是展现自我，想吸引他人的注意力，同时他们喜欢收集各种各样自己认为很有意义和价值的东西，可那些东西在他人看来可能是一堆垃圾。另外一种是表示这个人很紧张，缺乏必要的安全感。

有些人经常用手对所说的话进行补充、解释和说明，常常对一些事物进行夸张，让人更加信服。他们的性格中感性成分往往要多一些，有一些多愁善感，比较能引起其他人的注意。

经常把双手放在背后的人，通常比较沉着和老练，他们办事十分谨慎和小心，自我防卫意识比较强，时刻做好了防止别人偷袭的准备。

有些人喜欢把指关节弄得嘎嘎作响，这样的人脾气多暴躁、易怒，遭遇一点儿麻烦就显得坐卧不安。另外，这种人有很强烈的表现欲望，他们希望自己能够引起别人的注意。

体型与人的性格

体型是对人体形状的总体描述和评定，它是一个人的轮廓，同时也是一个人的门户和纲领，通过这个窗口，我们就可以了解人内心的一些东西。

对体型和性格的研究，古已有之。其中最著名的学者当属德国的雷琪玛，他将人的体型分为六种，以此来分析不同体型人的性格。

第一种是单纯而不成熟的体型，它代表的性格是歇斯底里。

在我们的周围，经常可以见到长着一张娃娃脸未成熟体型的人。这种体型的人，大多以自我为中心。这类人喜欢热闹非凡的气氛，和人谈论的话题经常围绕自己，如果话题一旦偏离自己，就会显露不高兴的表情，是非常任性的人。

有这种体型的人，通常都有浅显而广泛的知识，能够运用这种知识对戏剧、小说、音乐等加以评论。由于涉猎的知识面较宽，这种人讲话时妙趣横生，经常使人捧腹大笑。但是，这种人喜欢谈论的对象通常是自己，他们对自我有着近乎迷恋的崇拜，当别人询问有关他自己的事情时，就会眉飞色舞地说个不停，并且在言谈之间常喜欢标榜自己。这种谈话方式使人常感到过于放纵，从而产生不舒服的感觉。所以当自己被人奉承时还好，一旦受人冷淡摒弃时，忌妒心会变得很强烈，形成一种歇斯底里的状态，对于这种人要特别注意。但是这类人却是天真、浪漫的人，虽然年龄逐渐增大，但仍然保留有一颗童心，同时也是一种不成熟的表现。

有这种歇斯底里型的人大多为女性，遇到这样的谈话对象时，最好不要多讲话，只要听她发表言论即可。但要注意，不能过分信赖这种人，否则自己将受到损害。

第二种是筋骨强壮而结实的体型，这种人多有坚韧不拔的性格特质。

筋是一个人力量的基础。筋强劲的人勇猛善战，做事大胆洒脱；筋软弱的人比较胆怯，做事唯唯诺诺，缺乏主见。在鉴别人的时候，筋往往与骨等特征合并运用。观察一个人的骨，能看出他的强弱。骨骼健壮的人性格较强势，反之，则比较软弱。

这种类型的人筋肉和骨骼发达、肩膀宽大、脖子粗，从事类似举重、摔跤和土木工程方面的工作，比较能够做出成就。同时，这种人如果在公司银行当经理，也会因为做事认真、忠实而取得不凡的成就。

这种人虽很可靠，做事情一丝不苟，但是缺乏情趣，呆板、固执、喜欢钻牛角尖。如果你的周围有这种人，你一定要注意发挥他的优势，但要避免与之辩论。他们固执的特征会让你头疼不已的。

第三种是肥胖型或脂肪型，这种人一般属于躁郁质的人。

这种体型的人特征比较明显，往往胸部、腹部和臀部十分宽厚。通常腹部宽厚的人，从整体来看，像是有很多肉。一般而言，中年是人这一生中最容易发胖的时期。

这类人性格比较复杂和矛盾，一般会兼有善良、单纯、开朗、积极的多重性格；另一方面，在欢乐和苦闷的时候，这种人会表现出稳重而随意正反两面的性格。这些正是躁郁质特征的外在表现。这类人具有天赋敏锐的理解力，凡事都能迎刃而解，但他们对事情的思考缺乏一贯性，说话容易因轻率而失言。另外，这种人通常自视甚高，喜欢干涉别人。

这种人平时十分活跃，终日享受着忙碌的乐趣。喜欢被人奉承，如果你夸奖他几句，那么任何事情他都愿意为你代劳。事实上，这种人并不是一味忙碌，他们偶尔也会忙里偷闲，做些比较有趣的事情。

这种人在社交场合比较受欢迎。你刚开始和他接触的时候，就能一见如故，相谈甚欢。但这类人喜欢照顾别人，这种照顾有时会转变为干涉，时间久了容易演变成压迫似的形态。

第四种是瘦瘦细条的体型，这种类型的人通常比较神经质。

脸色发青、细长的身体线条，具有知识分子的风范，这就是一般人头脑中神经质的表现。其实神经质的人，从另一个角度看颇具男子气概，做事情豪放磊落。这类人最明显的特征是喜欢自寻烦恼，有时候明明自己有苦衷却难以表述，结果被人把责任强推给自己。

这种类型的人通常情绪容易失衡，且容易混乱，这让他自己本身也非常不开心。但换个角度看，这种人具有丰富的感受和敏锐的感觉，如果从事艺术性和创造性的工作，大多可以取得耀眼的成就。

第五种是略带纤瘦但体态结实的体型，这种人比较偏执。

从外形上看，这类人略嫌纤瘦，但体态结实。性格上有着强烈的自我意识，喜欢挑战；有坚定的信念，不论遇到怎样的挫折，都会坚持下去。

判断灵敏，做事果断加上强烈的信心，这类人在商业方面实在是前途无量。但是当这种人误入歧途时，后果也会比较严重，他们会变得强制、高傲、猜忌、蛮横。

具有这样体型的人，他们在做人和做事上，都缺乏应有的性格魅力。由于性格上的弱点，即使是别人赞同他，他同样还是会和别人保持心理上的距离。与这类人交往时，最好不要与他形成对立，因为他们具有强烈的攻击性，他的偏执，会让他想尽一切办法把自己的观点强加给别人。

第六种是纤瘦型有影子的体型，这种人有着分裂的性格表现。

这种人虽然外表比较纤瘦，给人一种柔弱的印象，但这只是表面。实际上他们是很难应付的人。这种类型的女性，性格比较刚烈，一旦发怒后果将不堪设想。

这类人一般比较冷静，性格相对复杂。这种人有相互矛盾的分裂质，比如对于幻想兴致勃勃，保持阳光的一面，实际内心却是比较绝望，不喜欢被人窥探隐私。他们对无关紧要的事一般会固执己见、不懂变通，并且表情呆板，在没下决心之前用行动来决定。这种人因为有神经比较敏锐的关系，对文学、美术、艺术等有着很高的兴致，且对流行有敏锐的感觉。在社交场合，他们通常有非常优雅的手腕。

与这类人交往时，应该了解他性格上的犹豫不决和意志薄弱，容易产生气馁心理，是个令人难于捉摸的人。但他神经纤细并且本性善良，同时又是对生活采取慎之又慎态度的人。

第二章　衣装打扮之下的性格

从衣服的选择判断人的性格

俗话说：人心隔肚皮。人们总是把自己真实的一面隐藏起来，我们无法只通过表象探知其内心世界。但是人的性格总会通过他（她）的一些喜好表现出来，比如衣服。大街上，我们能看到穿各种各样风格衣服的人，少女爱穿可爱的服装，中年人经常穿简单稳重的衣服……不同年龄、不同性格的人会选择不同的衣服，通过衣服，我们能够看到人性格上的一些特质。

深色给人一种稳重大气的感觉。相应地，喜欢穿深色衣服的人，性格大多比较稳重，不太爱多说话，显得城府很深，凡事都要考虑周全，常会有一些意外之举，让人捉摸不定。

淡色则比较明快。喜欢穿淡色衣服的人，通常性格开朗，比较健谈，喜欢结交朋友，做事情大多随着感觉来，这种人比较爽快，能够"快刀斩乱麻"。

单色调给人一种比较理性的感觉。喜欢穿单一色调服装的人，通常比较正直、刚强，大多是理性思维要优于感性思维。

很多颜色堆积在一起会让人眼花缭乱。喜欢穿五颜六色、花里胡哨衣服的人，虚荣心比较强，他们爱在别人面前表现自己，通常比较任性和自我。

一些人经常穿简单朴素的衣服，他们大多性格比较沉着、稳重，为人较真诚和热情。这种人在日常的工作和生活当中比较踏实、肯干、勤奋好学，处理事情比较客观和理智。但凡事过犹不及，如果过分朴素就不太好了，这种情况表明人缺乏主体意识，软弱而易屈服于别人。

还有一些人经常穿过于华丽的衣服，他们有着很强的虚荣心和自我显示欲，这种人通常对金钱的欲望也比较强烈。

喜欢跟着流行时尚走、经常穿流行时装的人，他们比较缺乏自己的主见，不知道自己有什么样的审美观。另外，这种人大多情绪不稳定，且无法安分守己。

有自己的风格而不跟着流行走的人，他们大多是独立性比较强、有果断决策力的人。这种人比较理智，知道自己需要什么、适合什么。

平时经常穿同一款式衣服的人，性格大多比较直率和爽朗，他们有很强的自信，爱憎、是非、对错往往都分得很明确。他们的优点是做事果断、干脆利落，从不拖泥带水。但他们也有清高自傲、自我意识比较浓、常常自以为是的缺点。

喜爱宽松自然的打扮，不讲究剪裁合身、款式入时的衣着的人，大多比较内向。他们常不善于和别人交往，因此融不到其他人的生活圈子里。他们的性格中害羞、胆怯的成分比较多，不容易接近别人，也不易被人接近。实际上他们有时候很孤独，也想和别人交往，但对他们而言，克服自己的内心障碍是一个不小的挑战。

喜欢穿短袖衬衫的人，通常是放荡不羁的，但他们为人十分随和与亲切，凡事率性而为，不墨守成规，喜欢有所创新、突破。自主意识比较强，有自己独有的标准来评判一切。他们虽然看起来有点不严肃，但实际上他们的心思还是比较缜密的，非常有自知之明，所以他们大多能够三思而后行，小心谨慎。

喜欢穿长袖衣服的人，这种人大多比较传统和保守，为人处世都爱循规蹈矩，不敢有所创新和突破。他们比较缺乏冒险意识，但他们又喜爱争名逐利，有远大的人生目标。他们很重视自己在他人心目中的形象，希望得到关注、尊重和赞赏，因而在衣着打扮、言谈举止等各个方面都总是严格地要求自己。这样的人最大的优点就是适应能力比较强，把他们任意放在哪一个地方，他们很快就会融入其中，所以通常会营造出比较好的人际关系。

一些人穿着打扮崇尚素雅，以实用为原则，他们通常比较朴实、大方、心地善良，同时具有一定的宽容和忍耐力。他们为人十分亲切、随和，做事脚踏实地，从来不会花言巧语地去欺骗和要弄他人。他们思想单纯，总是把事情往好的方面想，但绝对不是对事物缺乏自己的独特见解。他们总是能把握住事情的走向，具有很好的洞察力，从而作出最完美的决定和方案。

还有一些人喜欢穿色彩鲜明、缤纷亮丽的服装，他们多半比较活泼、开朗，性格坦率豁达，对生活的态度也比较乐观和积极向上。这种人大多比较聪明和智慧，在与人交往中，他们有着较强的幽默感。同时，他们的思维比较活跃，常常会制造些意外，给人带来耳目一新的感觉。另外，他们有着强烈的自我表现欲，希望吸引他人的目光。

从穿着风格识别对方心理

服装可以说是人的标签，每个人都有自己的着装风格，不同的风格中蕴藏着一个人的性格特征。

1．穿白衬衫的直爽派现实主义者

白色是表示清洁的颜色，能与任何颜色的服装相互搭配组合，白色这种能够随意搭配的优点，会给人一种亲切感和随和感。喜欢穿白衬衫的人，他们在色彩感觉上、装扮上都非常优秀，而且不论对什么服装，只要穿上白衬衫都能相得益彰。因此，他们在选择搭配服装的时候比较自由，这种对服装不受拘束，在性格方面表现为直爽派。

经常穿白衬衫的人，其性格特征是缺乏主动性、判断力、羞耻之心。这类人大多容易自以为是，只要是自己喜欢的事情，他就会一意孤行地追求和实现。这种人脾气比较暴躁，极可能与他人起冲突，随时有动干戈的事情发生，因此在人际交往中，遇到这类穿着的人要有戒备之心，千万不要和他起冲突。

这类人喜欢推卸责任，总会为自己的失误找出各种借口。在谈话中，他们一般没有什么话题可言，除重要的事情交涉外，关于酒色话题一般不参与言论。平时喜欢穿白衬衫的人，总是以工作为人生的支点，是不折不扣的现实主义者，对工作严肃认真，因为他知道只有工作才能实现自己的人生目标。在现实生活中，总有一些脚步匆匆、马不停蹄的人，为了维持自己的"白领"形象，他们几乎把全部精力都放在工作上，他们是上司眼里的精英、下属心中的怪物。

这类人一般比较冷酷，不容易被外在事物所影响。更不用说被一些事情感动了。比如裁判官、医生、护士、机关的职员等各行各业的职业者，诸如此类穿白衬衫职业的人，你看到他们的第一印象大多是冷酷无情的，这样的人在感情方面和爱情方面通常也比较冷酷。

2．不修边幅的人爱自由

在穿着上不修边幅的人，大都是活力四射、精力旺盛的人。这类人不喜欢久居人下，喜欢领导别人做事，因此这种人不适合为别人打工，他们更喜欢单独到社会中去做生意或自由闯荡。但是，在平时工作中，仍然有许多不修边幅的员工，这样的人在单位比较特立独行，做事情不喜欢循规蹈矩，通常以另类的行为来显示自己的与众不同，他们与自己的上司关系经常会很紧张，因为他们内心抗拒上司对他们工作甚至生活的指指点点。

还有一类人，他们属于上流社会，但平时穿着不修边幅，甚至显得有些孩子气，这种人内心向往自由，不愿遵从既定的游戏规则。

3．穿着马虎的人易动怒

身上穿着名牌西装，脚上蹬着名牌皮鞋却系着一条非常不入流的领带，这种人就属于穿着马虎的人。他们在穿衣上不得要领，疏于考究，但是他们的性格特征是有些与众不同的。

这类人大多富有行动力，对工作抱有热忱之心，这类人一旦下决心从事某项工作，就会坚持到底，有始有终。但是这种人情绪波动比较大。他们虽然富有行动力，但得意之时，他会乘胜追击；失势之时，他又畏缩不前，是一类比较极端的人。

但是这类人非常容易动怒。和这类人相处的时候，一定要注意掌握分寸，要保持相应的距离，因为稍不留意你便会让他动怒。假如你不得不和这类人打交道，你就要学会使用头脑和手段，尽量别招惹他生气。对待这类人不宜采取责备的口吻或刺激性语言，以免他会对你造成不必要的妨碍。

4．穿着朴素的人比较现实

很多人由于职业的关系，经常穿朴素的衣服。从表面现象来看，这类人是朴实的，大多比较顺从规章制度。这种类型的人大多能够把握自己的职业生涯，一步一步往上升。即使有些人不喜欢顺应制度，但为现实所迫，他们只能勉强穿朴素的服装。许多公司都有自己的制服，虽然看起来比较正规，但这完全把人的个性压制住了，把个人的特性也被遮盖住了。

穿着朴素衣服的人平时做事非常小心，喜欢制订详细的计划，并以诚实不欺者为多。但这种人外表看起来诚实，其实对酒色特别着迷。另外，这种类型的人比较冷静，是重视现实的人。

5．喜欢舶来品的人有自卑感

喜欢舶来品的人看似比较有个性和档次，实际上是对自己缺乏自信心，借用舶来品来装饰自己。这种人大多比较孤独、情绪不稳定、有自卑感，而且缺乏安全感，最好不要去揭穿他们的自卑感。

对于有这类穿着习惯的人，我们不能轻易从外表上判断其为人。一些人在任何场合从上到下都是舶来品的装扮。这类人大多冷酷无情，有的时候虽然表面看起来非常密切，事实上他们之间肯定不乏利害关系。

这种人对有关金钱上的事情非常敏感。当自己处于不利地位时，他们会立刻寻找外援，而一旦失手就会嫁祸于人。所以对这类人，要有警惕性。

6．喜欢穿粗直条整套西装的人缺乏信心

这种人喜欢追逐流行时尚，但是他们一般缺乏自信心。为了掩饰这种缺乏自信心的不安全感，或者因为情绪上的孤独不安，他们选择穿上粗直条整套西装。

在一般工薪阶层的穿着习惯中，很少有穿蓝色粗直条西装的人。大多数自由职业者，为了掩饰工作不定带来的不安全感，会穿这种整套的西装来隐藏内心的动向。

这种人非常怕别人洞悉他的缺点，所以与这种类型的人接触时，绝对不能攻击对方的缺点。如果不经意间得罪对方，会受到对方的攻击，因此须多加注意。对这种人不要多讲话，最好按照对方说话的语气去调整，要不时地夸赞他，避免指出其缺点。实际上，这种类型的人性格偏女性化，他们头脑相对单纯一些，所以，你应当避免去激怒对方。

7．喜欢穿背后或两旁开衩上衣的人有强烈的自我显示欲

生活中，你应该见过这样一类人：他们看起来是西装笔挺的绅士，英国制的西装、带花纹的领带、瑞士制的手表，甚至连打火机也是世界

名牌。乍见这类人，你可能会觉得他是商界大款或来头不小，实际上这类人通常极具伪装性。

这类人信奉金钱至上，喜欢追求眼前利益。他们一般对长期交易没有多少兴趣，反而很注重短期交易，总希望自己一夜暴富。和这种人有金钱上的来往时，必须详细调查对方的底细。

这类人喜欢做出许多承诺，显示自己的能力，但实际上却做不到。所以当他们向你许诺时，你最好委婉地推辞。

从帽子解读人的个性

帽子不仅仅具有御寒的功能，也能够为人们增加美观，而且还能树立某种个人形象。当出入任何一家娱乐场所或大型酒楼餐馆时，很容易就能看到"衣帽间"的牌子，这就体现了帽子对于一个人的重要性，它有助于人们树立自身想要的形象，可以使个性在任何场合下都完全地得到体现。

总喜欢戴鸭舌帽的人。鸭舌帽，是一般上年纪的人佩戴的，它所表现的个人特点是稳重、踏实。如果男人戴这种帽子，那么他会认为自己是个客观的人，从不虚华地面对问题，能从大局着想，不会因为一些细枝末节而影响整个大局。

有时候这种人自以为是，故意摆弄老练的个人形象，在与别人交往时，就算对方胸无城府，他还是喜欢与别人绕着弯去说话办事，直到把别人都搞得不知道天南地北了，他的个人意见还是没有表达出来。

他之所以这么做，是因为他是个会自我保护的人，不愿轻易让别人了解他的内心。他不是个攻击型的人，但是个很会保护自我的防守型的人，所以他很少伤害别人，但也不容许别人伤害他。

他是个很会聚财的人，相信艰苦创业才是人生的本色，多劳多得是他的客观信条，他从不相信不劳而获或少劳而获，他认为他所拥有的财富来之不易，所以他从不乱花一分钱。

喜欢戴圆毡帽的人。总喜欢戴圆毡帽的人，纯粹是一副老百姓的派头，对任何事情都感兴趣，但从不表达自己的看法，即使有看法也是附和别人的观点，好像没有任何个人独到的见解。但他们不是没有主见，只不过是个老好人，哪怕是个最不起眼的人，他都不愿随便得罪。

他们在骨子里是个忠实肯干的人，对只有付出才有收获的道理坚定不移。他们对不劳而获的人恨之入骨，相信君子爱财取之有道，对不义之财一贯的态度是视而不见，从来不让不义之财玷污自己的手指。他们对于做每一件事情都会全力以赴，投入巨大的精力和热情，对于报酬，他们只拿属于自己的那一份。他们是以自己的美德赢得尊重的。

在选择朋友方面，他们表面随和，其实颇为挑剔，他们认同"道同不相为谋"的观点，因此除非对方和他们有类似的看法和观点，否则他是不会考虑和他深交的。

喜欢戴旅游帽的人。旅游帽，其实就是一种装饰品，因为这种帽子既不能御寒也不能抵挡阳光，用这种帽子来装扮自己以投射某种气质或形象；或者戴上它另有企图，用来掩饰一些其认为不理想或者有缺陷的东西。

从这些其所表现出来的特点看，那些爱戴旅游帽的人，一般是内心虚伪、不踏实的人，他们善于投机取巧，因此，能真正了解这类人的人寥寥无几，大多只是了解他们的皮毛罢了。

由于他们过度聪明、自以为是，在别人面前既唱红脸又唱白脸，以为自己做得天衣无缝，其实别人早已看出他们是个不可深交的人。因此，他们真正的朋友不多，多半是与他们面和心不和的人，有时他们也能看出自己的缺点，但由于其本性所决定，他们无法改变这些事实。

在事业上，这种人也用他那套投机之术去钻营各种空子，有时也会收到不错的效果，当他们黔驴技穷时，也就会被他们的上司和同事看穿。

喜欢戴礼帽的人。戴礼帽的人，大多是觉得自己稳重而具有绅士风度。这种人急切渴望给人一种沉稳而成熟的感觉，在别人面前，其行为举止也会经常表现出很具传统思想。这类人除自己喜欢的礼帽外，连自己的皮鞋不管任何时候也是擦得锃亮，就连所穿的袜子也一定会给人一种厚实的感觉，尽管是在炎热的夏季，一样会拒绝穿丝袜。由于他们看不惯很多东西，所以他们多少有点自命不凡的本性，认为自己是个干大事的人，进入任何一个行业都应该是指手画脚的高人。

可惜这种人过分保守并且缺乏冒险精神，成就并不大，所干的事业也不像想象得那么顺心。

在友情上，这种人的朋友会觉得他们保守、呆板，不容易掏真心话，即使他在见面时斯文有礼，也不能加深他们之间的友谊，他们和任何一个朋友之间的友谊都不能保持应有的深度。他们有时也会想到这些，并试图努力去改变，但他们天生的性格使他们难以表达自己的心思，有时反而适得其反。

总喜欢戴着彩色帽的人。总喜欢戴着彩色帽的人，在不同的场合，针对不同颜色的服装，佩戴着不同色彩的帽子，他们似乎是天生的服装专家，这种人一般是赶得上潮流的时髦人物。

这种人对色彩鲜艳的东西非常敏感，对时下流行的东西嗅觉灵敏。每当出现新鲜玩意儿，他们总是最先尝试，希望人家说他们的生活过得丰富多彩，懂得享受快乐人生。这种人总是以弄潮儿的身份，旁若无人地走在时代的最前沿。

同时，这种类型的人也是喜欢热闹、害怕寂寞的。因为他们朝气蓬勃、精力旺盛，那颗不甘寂寞的心总是使他们躁动不安，他们会经常呼朋引伴，一起到歌舞升平之地去挥洒自己的好心情。当曲终人散后，这种人会自然地产生寂寞的心绪，当最后一支舞跳完后，他们会有情不自禁的失落感。

对于工作，他们的热情和消极是成反比例的，有时会为他们带来一定的好运，当他们热情起来时，就像有使不完的劲儿，一旦无聊时，空虚感便马上填满他们的心头。

眼镜的形状与人的个性

学业的压力、电脑的普及以及手机、电子书的广泛使用，让越来越多的人戴上了眼镜。不仅如此，许多视力正常的人也将眼镜作为一种饰物来显示自己的个性，总之，眼镜已经被人们赋予了全新的意义，时不时戴着它出现在公众场合。随着时尚的变化和人们的实际需求，眼镜的式样早已摆脱了单调、厚重的模板，走进眼镜店，你会发现眼镜正在变得越来越轻巧、精致、式样繁多起来。

正是因为选择眼镜的范围越来越广，人们可以根据自己的喜好任意挑选。从一个人佩戴的眼镜当中，我们能够发现他的审美观，也能够看到他性格上的一些特质。我们从镜框的形状上把眼镜大致分为以下四类，每一类都具有很强的代表性，透过镜框，你会发现原来对方是那样的性格。

1. 方框形的眼镜

方框给人一种遵守规则办事，但又比较稳重的感觉。喜欢方框形眼镜的人自信而有些顽固，对于认准的事情，不管有多少困难都要一定做到，不会中途放弃。他们不喜欢特立独行，总是按照规则办事，比较沉稳。这种类型的人通常给人稳妥踏实的印象，容易得到同事和上司的信任。

这种人理性思维优于感性思维，所以在爱情方面天分相对少了一些，不知道自己该如何去把握。这种人有时冷若冰霜，有时又捉摸不定，使异性不敢靠近。

和这种人相处，你会有一种安全感，他轻易不会让事情出差错。另外，不要被严肃的外表所迷惑，他们的内心渴望与人沟通，只要你表现出诚意，会很快和他成为朋友。

2. 椭圆形的眼镜

椭圆形给人一种比较学术的感觉，看上去比较有学问。喜欢椭圆形眼镜的人非常注重现实，不管对人对事还是对爱情，他们都一样严肃认真，全力投入，是绝对可靠的。

这种人缺乏灵气，不懂得变通，总是信奉一些理论上的东西，遇到实际问题不知道如何处理。但是这类人比较适合从事教学研究工作，他们的认真执著、对学术的喜欢能让他们取得不小的成就。

和这种人相处，你最好不要表现得过于另类，因为这在他们看来很不可思议，是脱离常规的表现。另外，和这种人合作，你可以把一些抽象思维方面的任务交给他们，他们是比较擅长这类工作的。

3. 圆框形的眼镜

圆形是完美的形状，戴这种眼镜的人大多为女性。这类人举止优雅，说话轻声细语，内心比较细腻，喜欢追求完美。喜欢大型的圆框眼镜的人，表面上文静秀雅，像个乖乖女，实际上内心却热情似火。

她们的缺点是做事情过于追求完美，要知道事情总不都是完美的。同样，这种人对别人也比较挑剔，和她们相处时，最好多多夸奖，因为这能让她们有自我满足感。

4. 蝶形框的眼镜

戴这种眼镜的人大多也为女性。这类人通常比较早熟，经历的事情比较多，感情也丰富。她们做事情很细心，对人能够体贴入微。但是她们不容易相信人，热情的背后可能会是一颗冰冷的心。另外，她们比较自我，喜欢表现自己，不喜欢随大流。

从扶眼镜看人的性格

1. 用手扶眼镜框

手扶眼镜框调整眼镜位置，这种人眼界比较开放，希望看到更广阔的领域。有这样习惯的人大多比较自信，他们相信自己对问题能够全面掌握，能够达成自己的目标。在和别人探讨某个问题时，这种动作表明他们认为自己一定能够说服对方。这类人往往是某个领域的行家，具有一定的权威性。另外，这类人比较善于抓住机会，洞察力比较强。

2. 用手扶眼镜腿

这类人做事情特别有计划性，做事前，他们不会马上行动，而是先深入了解事情的来龙去脉，根据实际情况制定详细的行动计划，然后严格按照计划行事。这种做事方法很有条理，比较适合处理一些大事。另外，这种人思维比较活跃，特别有想法，有自己的行事风格，属于个人风格很明显的人。

3. 两根手指分别抵住镜片下端推眼镜

有这种习惯的人大多比较随和，不喜欢与人争辩，但是这样的人比较缺乏主见，他们容易被别人的想法牵着走，即使事先有自己的想法也不能坚持到底。另外，这类人通常比较虚心，勤于学习。

4. 手指从鼻梁处向上推眼镜

有这种习惯的人通常性格比较内敛、细腻，在人际交往中属于"慢热型"。由于他们不善交际，所以想要跟他们交朋友，你一定要主动才能获得他们的信任。但是如果是偶尔做这个推镜的动作，说明这个人遇到了重大事件，用这种动作来掩饰内心的紧张。

通过领带解读男人

一个男人可能会穿有品位的西服，戴瑞士名表，开名牌跑车，但是他可能不会把领带系得完美无缺。领带是西服的一件辅助饰物，能穿好西服的人不见得会完全掌握领带的打法和色彩的搭配。领带对于男士相当于丝巾对于女士们的作用，男人的行事原则和人品禀性可以完完全全地展现在领带的打法与颜色的搭配上。如果仔细观察周围男人的领带，你就不难发现他们性格中的蛛丝马迹！

不大不小的领带结。先不考虑领带的色彩和样式，也不管长相和体形如何，男人配上这种领带结，大都会容光焕发、精神抖擞，他们在心理上获得了满足感。这样的人在交往过程中注重自己的言谈举止，显得彬彬有礼，从不轻举妄动，做出有失礼仪的行为。大多数男人都能认识到领带的作用，他们在打领带结的时候常常一丝不苟，把领带打得恰到好处，给人以美感。这种人大多安分守己，把大部分的精力放到工作当中，勤奋上进。

既大又松的领带结。领带让男人从外表上显得温文尔雅，但打这种领带结的男人所展现的风度翩翩决不是矫揉造作出来的，而是他们内心真实的丰富感情所展露出的风采。这种类型的人不喜欢拘束，积极拓展自己的生活空间，他们会主动与他人交往，练就高超的交往艺术，在社交场合深得女人的欢心和青睐。

又小又紧的领带结。如果身材瘦小枯干的男人选择这种系法，则说明他们是有意凭借小而紧的领带结，让自己在他人匆忙的一瞥时显得"高大"一些。如果他们体形正常的话，是在暗示他人最好别惹他们，他们不会容忍别人对自己有半点的轻视和怠慢，这其实是气量狭小的表现。他们在生活和工作中一般谨言慎行，疑心甚重，由此养成了孤僻的性格。他们比较自私，凡事大多先想自己，对金钱很吝啬，一毛不拔，因此几乎没有什么人愿意和他们交朋友。即便如此，他们也乐于一个人守着自己的阵地，孤军奋战。

领带为深蓝色、衬衫为白色。"蓝领"代表职工阶层，"白领"代表管理阶层，这种类型的人巧妙地将两者融合到一起，上下兼顾，少年老成，同时不乏风度翩翩。由于社会地位比较高，白领的诱惑远远超过蓝领，所以他们对工作特别专注，事业心极重。但凡事过犹不及，太争强好胜让他们在奋斗过程中常常出现急功近利的表现。

领带为黑色、衬衫为白色。黑白分明是对阅历丰富之人的形容，所以喜欢这种打扮的人大多是稳健老成的人。由于经历得多，他们得到了许多感悟，最终懂得什么是人生的追求。这种人善于明辨是非，爱憎分明，正义在他们身上得到了最大的展现。同时这种人由于阅历丰富，比较懂得为人处世，在社交场合比较受欢迎。

领带为红色、衬衫为白色。红色象征火焰，代表奔放的热情，表现出一种积极和主动进取的风貌，选择红色领带的男人大多有着远大的理想，他们事业心比较重，希望通过自己的成就获得别人的关注和认可。白色代表纯洁，是和平与祥和的象征，白色衬衫让他们显得不那么咄咄逼人，有一种比较随和自然、容易相处的感觉。

领带为黑色、衬衫为灰色。这身打扮比较老气，有种让人不舒服的感觉。做出这样选择的人说明他们有很深的忧郁，而这份忧郁是气量狭小所致。为了掩饰这个缺点，他们才选择这身打扮。这种人在工作中没有积极性，一副老气横秋的样子。虽然看起来比较沉稳，实际上不太懂人际交往。

领带为多色、衬衫为浅蓝色。五彩缤纷的色彩充满了迷离和诱惑，代表人们对美好事物的向往。普通人和勤奋的人往往对此敬而远之，所以选择这种领带和衬衫的人拥有一股市井脾气，他们大多热衷于名利。这种人自控力比较弱，在感情上容易不专一，追逐的目标总是换了一个又一个。所以，一般不能轻信这种人的许诺。

领带为绿色、衬衫为黄色。绿色象征生机和活力，是点缀大自然的最美妙的色彩；金色代表成熟和收获，是财富与权势的代表。选择这种领带和衬衫搭配的男人大多富有青春活力与朝气，做事情执行力较强，想什么就做什么，不喜欢拖泥带水，对事业充满信心。但是他们有时鲁莽冲动，自控能力较差。

领带为黄色、衬衫为绿色。选择这种搭配的人流露出的是诗人或艺术家的气质，他们用辛勤的耕耘换取丰硕的收获，按照理想设计生活和人生，并勇于实施。他们相信付出就会有回报，做事情踏实认真，肯负责任，是个"事业型"人才。另外他们一般是与世无争的，保持柔顺的性情，对人非常和蔼可亲，因此朋友较多。

不会系领带。一身合体的西装上却没有领带，这种男人大都心胸豁达而不拘小节，常常会因为细节问题导致前功尽弃。他们大多有着远大的理想，但却没有计划，执行起来一团糟。在人际交往中，这种人也会因为太过自我而得罪人。

从手表样式识人

俗话说："一寸光阴一寸金，寸金难买寸光阴。"古往今来，没有哪个伟人不珍惜自己的时间。时间，在不知不觉中流逝，不同的人对此有着不同的感受。有的人熟视无睹，而有的人则表示深深的惋惜，然后，抓紧利用每一分钟去做一些有意义的事情。一个人对待时间的看法，很大程度上是由人的性格决定的，而时间对人具有什么样的影响，很多时候又能通过所戴的手表传达出来。

现如今人们佩戴手表，已经从原来单一的计时需求开始转向装饰需求。在佩戴喜好上存在着一些自然的差异。在富有家庭里成长起来或有教养的人，一般把手表戴在左手内侧，这类人在工作中头脑聪慧，而在个人情感上，则表现得往往十分害羞而不敢向对方表达自己的意思。还有一些人图方便，把手表戴在右手上，不但开车的时候，甚至做任何事情的时候都比较省事，除了这些实际的好处以外，还有招引大家注意的意图。适度的时候，给人的是性格奔放热情；过度的时候，会让人觉得有点放浪形骸。

同样，佩戴不同类型款式的手表也会体现出不同的个性。

喜欢液晶显示型手表的人，这种人在生活中多比较节俭，知道精打细算，属于比较有经济头脑的人。他们的思维比较单纯，对简洁方便的各种事物比较热衷，而对于太抽象的概念则难以理解。但是，他们在为人处世各方面都多持比较认真的态度，不是显得特别随便。

戴古典金表的人，这类人多是具有发展眼光和长远打算的人，他们绝对不会为了眼前一些既得的利益而放弃一些更有发展前途和价值的事业。他们心思缜密、头脑灵活，往往有很好的判断力和预见力。他们有着比较高的思想境界，而且思想很成熟，凡事看得清楚透彻，而且有一定的宽容力和忍耐力。意志力坚强，从来不会轻易向外界的一些困难和压力低头。这种人很重义气，能够与家人朋友同甘共苦、生死与共，忠诚度比较高。

佩戴怀表的人。喜欢佩戴怀表的人，时间观念较强，对时间有较好的控制能力。有时候即使每天的生活都是忙忙碌碌的，但他们并不是时间的奴隶，因为他们懂得如何管理时间，懂得如何自我放松，并且进行自我调节。这样的人一般有较强的适应能力，善于把握和控制自己，能够很好地调整自己的心态。他们有一定的文化修养，思想境界比较高，言谈举止比较高雅。同时他们还是喜欢浪漫的人，常会制造一些出人意料的惊喜。另外，他们很重视感情，把人与人之间的友情看得高于一切。

戴表蒙上没有数字的表，这一类型的人有较为强烈的抽象化的理念，他们擅长于观念的表达，而不希望把所有的细节都说得一清二楚。因为他们很喜欢玩益智游戏，他们认为把一切都说得太明白就没有任何意义了，而这种人本身就是相当聪明和智慧的。他们一般喜欢抽象化的事物，而对实际的事物似乎并不是特别在意。

喜欢戴闹钟型手表的人，这种人大多对自己要求比较严格，总是把神经绷得紧紧的，一刻也不肯放松。他们虽算不上传统和保守，但这种类型的人习惯于按一定的制度和规定办事，对他们来说，规则和秩序就是一切。他们有责任心，能够主动承担责任，做事情也比较认真，从来不推卸责任。除此以外，他们还有一定的组织和领导才能。

戴具有几个时区手表的人，这种人大多是有些不现实的。他们虽然有一定的聪明和智慧，但总是想法太多，不会去付诸实践。他们做事情没有坚韧的毅力，做事常三心二意，这山望着那山高。另外，他们恐惧责任，在一些责任面前，常以逃避的方式面对。

喜欢戴由设计师特别设计的手表的人，这种人很有生活情调，大多非常在乎自己在他人心目中的形象和地位，为了迎合他人可以改变自己。这种人有时会有些哗众取宠的倾向，比如有时候他们大肆渲染夸张一些事情，以吸引他人的注意。

不戴手表的人，大多有比较独立自主的个性，他们相信自己，不会轻易地被他人支配，自我意识较强，只喜欢做自己想做并且也愿意去做的事情。另外，他们头脑灵活，随机应变能力比较强，能够及时地想出应对的策略。在社交场合也比较受欢迎，非常乐于与人结识和交往。

手提包见证主人性格

手提包是人们在工作、学习和生活当中非常重要的一件物品，很多时候它几乎与人形影不离，人走到哪里，它们也随之被带到哪里。正是因为手提包具有如此非同寻常的作用，所以，它们在一定程度上可以向外界传达一定的信息，让外界通过提包来认识提包的主人。

手提包的样式是多种多样的，人们可以根据自己的喜好进行选择。

选择的手提包比较大众化的人，他们的性格也比较大众化，或者说没有什么特别鲜明的、属于自己的个性。他们在大多时候都是随大流的，大家都这样选择，所以他也这样选择，没有自身的主见，目光和思想比较平庸和狭窄。人生中多少有收获，而无大的成就和发展。

选择的手提包十分有特点，甚至是达到那种让人看一眼就难以忘却的程度的人，其性格可能要分两种不同的情况来分析。一种是他们的个性的确非常强，特别的突出，对任何事物都能从自己独特的思维、视觉等各方面出发，从而做出选择。这一类型的人中，有很多具有艺术细胞，他们喜欢我行我素，不被人限制，而且他们标新立异，敢冒风险，具有一定的胆识和魄力。假如不出现什么意外，自己又肯努力，将会在某一领域做出一定的成绩。另外还有一种人，他们并不是真正的有什么个性，也没有什么审美眼光，不过是为了要显示自己的与众不同，故意做出一些与其他人迥然有异的选择，以吸引更多的目光罢了。这一类型的人自我表现欲望及虚荣心都比较强。

选择的手提包多是休闲式的人，可以看出他们的工作有很大的伸缩性，自由活动的空间比较大。正是由于这样的条件，再加上先天的性格，这类人大多很会懂得享受生活。他们对生活的态度比较随便，不会过分苛刻地要求自己。他们比较积极和乐观，也有一定程度的进取心，能很好地安排工作、学习和生活，做到劳逸结合，在比较轻松惬意的氛围里把属于自己的事情做好，并取得一定的成就。

选择的手提包多是公文包，这也从一个侧面说明了提包主人工作的性质。他们有可能是某个企事业单位的老总，假如是普通的职员，也是比较正规单位的。选择公文包或许是出于工作的一种需要，但在其中多少也能透出一些性格的特征。这样的人大多办事较小心和谨慎，他们不一定非得要不苟言笑，即使是有说有笑，对人也会相当严厉。当然，他们对自己的要求往往更高。

喜欢方形或长方形的手提包，在有些时候可以当成是一件配饰。这种手提包外形和体积都相对比较小，因此，使用起来并不是非常的方便。喜爱这一款式手提包的人，多是没有经历过什么磨炼的人。他们比较脆弱或不堪一击，遇到挫折，很容易就妥协或退让。

喜欢中型肩带式手提包的人，他们在性格上相对比较独立，但在言行举止等各个方面却是相对较传统和保守的。他们有一定相对自由的空间，但不是特别大，交际圈子比较狭窄，朋友也不是很多。

非常小巧精致，但不实用，装不了什么东西的手提包，一般而言，应该是年纪比较轻、涉世也不深、比较单纯的女孩子的最好选择。但假如已经过了这样的年纪，步入到成年，已十分成熟了，还热衷于这样的选择，说明这个人对生活的态度是十分积极而又乐观的，对未来充满了美好的期待。

比较喜欢具有浓郁的民族风味、地方特色的小提包的人，自主意识比较强，是个人主义者。他们的个性突出，常常有着与他人截然不同的衣着打扮、思维方式，等等。有些时候显得与他人格格不入，因此，对于营造比较好的人际关系存在着一定的困难。

喜欢超大型手提包的人，性格多是那种自由自在、无拘无束的人，他们很容易与别人建立某种特别的关系，但是关系一旦建立之后，也会很容易就破裂，这也是因他们的性格所决定的，由于他们的生活态度太散漫，缺乏必要的责任感。虽然他们自己感觉无所谓，但却并不是其他所有人都能容忍与接受的。

把手提包当成购物袋的人，多是希望寻找捷径，在最短的时间内，以最少的精力把事情办完的人。他们很讲究做事的效率，但做起事来又比较杂乱无章，没有一定的规则，很多时候并不能如愿以偿。他们的性格多比较随和与亲切，有很好的耐性，满足于自给自足。在他们的性格中感性的成分要比理性成分多一些，做事有些喜欢意气用事。独立能力比较强，不太习惯于依赖他人。

一个手提包，但有很多的口袋，可以把各种各样的东西放到该放的适当位置。选择这样的手提包的人，说明他们的生活是非常有规律性的，而且能在大多数的时候保持头脑的清醒，不会轻易做出糊涂的事情。

喜欢金属制手提包的人，多是比较敏感的，能够很快跟上流行的脚步，他们对新鲜事物的接受能力是非常强的。但是，这一类型的人，在很多时候自己并不肯轻易地就付出，而总是希望别人能够先付出。

喜欢中性色系手提包的人，其表现欲望并不是很强烈，他们不希望引起他人的注意，目的是减少压力。他们凡事多持得过且过的态度，生活比较懒散。在对待他人方面，也喜欢保持相对中立的立场。

不习惯于带手提包的人，其性格要分几种情况来讲，有可能是由于他们比较懒惰，觉得带一个包是一种负担，过于麻烦；另一种可能是他们的自主意识比较强，希望独立，而手提包会在无形当中造成一种障碍。两种情况都是把手提包当成是一种负担，可以显示出这种人的责任心并不是很强，他们不希望对任何人、任何事负责任。

喜欢男性化手提包的人，一般而言都是比较坚强、剽悍、能干的，并且趋于外向化的。

手提包里的东西摆放得乱七八糟，没有一点规则，要找一件东西，需要把手提包内的所有的东西全部翻出来，这类性格的人可以看出他们的生活是杂乱无章的，奉行的是"无所谓"的随便态度。他们做起事来多比较含糊，目的性不明确，但对人一般都较热情和亲切。但是，由于他们的生活态度有些过分随便与无所谓，因此，经常会导致使自己陷入到比较尴尬的境地。与这一类型的人相识、相交都比较容易，但是分开也不难。

手提包内的各种各样的东西摆放得层次分明，想要什么就可以伸手拿到，这说明手提包的主人是一个很有原则性的人，他们多有很强的进取心，办事认真、可靠，待人也比较有礼貌。一般而言，这一类型的人有很强的自信心，且组织能力突出。但缺点是他们大多比较严肃、呆板，会过多地拘泥于生活中的某些细节中。

从所穿的鞋子分析对方

鞋子并不是像我们所想象的那样，单纯地起到保护脚的作用，这是其仅有的一方面。通过观察他人的鞋子，人们不仅可以注意到其美观大方，同时也可以看出一些他的个人性格。

男性穿皮鞋注重的是鞋料的舒适和质感，至于样式、颜色可挑选的条件有限，当然也就不会太讲究。然而，对女性来说恰恰相反，女性穿皮鞋时，就像选购耳环、手镯等饰物一样，首先考虑的是颜色、风格和款式等要素，一旦看中了颜色、风格和款式，至于舒适性、实用性以及鞋质，就已来不及权衡了，当即就会买下。因此，从穿不同样式的鞋子就能看出一个人的性格。

将自己最喜爱的一款鞋一直穿到报废，如果换鞋，那是这双鞋子坏了后的事情。这种人是相当独立的，他们非常清楚什么是自己喜欢的，什么是自己不喜欢的，他们对自己的感觉很重视，不会过多地在意别人对自己的看法。做事方面他们一般比较小心和谨慎，在经过仔细认真地考虑以后，他们要么不做，要不就全身心地投入，把它做得很好。他们对自己的亲人、朋友、爱人的感情都是相当忠诚的，没什么东西可以让他们做出背叛的事情来。

喜欢穿时髦鞋子的人有一种观念，那就是只要是流行的就全是好的，从不考虑自身的条件是否与流行相符合。这种人做事时常缺少周全的考虑，所以会顾此失彼。他们对新鲜事物的接受能力比较强，表现欲望和虚荣心也强。

喜欢穿带装饰物鞋的人，大多是女性，这是一种把自己看得比较重，且属于自我满足型的女性。她们特别喜欢打扮，而且有时打扮得往往超过了度，虽然她自己觉得这根本不算什么，可给周围人的感觉总不顺眼。这类人在与人打交道时，较少顾及别人的存在，至于有没有男人去追求她，他人愿不愿与她交往，多半不放在心上，长期生活在自己的世界里，身边知心的朋友也不多。

喜欢穿拖鞋的人。喜欢穿拖鞋的人属于轻松随意的人，他们可以被视为自由者的最佳代表。这种人对自己的感觉和感受非常注重，他们属于性情中人，一般不会随着别人的建议而改变自己。他们可以在自我调节中充分地享受生活。

喜欢穿没有鞋带的鞋子的人。喜欢穿没有鞋带的鞋子的人，并没有多少特别之处，穿着打扮和思想意识与普通人相差不多。只不过他们比较传统和保守，追求整洁，不喜欢表露自己。

喜欢穿运动鞋的人。一个人如果喜欢穿运动鞋，那他一定是对生活持有积极乐观的态度，在为人上表现出亲切和自然之感，他们没有特别的生活规律，一般容易与人相处。

喜欢穿远足靴的人。对远足靴情有独钟的人，会把自己充足的时间和精力投入到工作中，而且他们有较强的危机感，并且随时应对各种各样的突发事件。他们勇于冒险，具有开拓精神，经常向自己不熟悉的领域挺进，并且对自己有"绝对能成功"的自信。

喜欢穿露出脚趾的鞋子的人。喜欢穿露出脚趾的鞋子的人，属于性格外向型。他们的思想意识比较先进和前卫，浑身上下充满了朝气。这种人在与人交往的过程中，一般能表现出拿得起放得下的洒脱形象。

喜欢穿靴子的人。一个爱穿靴子的人没有足够的自信心，靴子，在一定程度上能为人们带来一些自信，而且也为他们增加安全意识。爱穿靴子的人在适当的场合和时机，懂得如何来掩饰和保护自己。

首饰质地反映人的个性

没有女人不爱首饰的，首饰不仅能满足女人追求美的愿望，还能体现出她的独特品位和审美眼光。现代社会，不仅女人爱戴首饰，不少注重生活品质的男人也开始戴各种各样的首饰。根据科学研究证实，人所佩戴的首饰，从一定程度上能够反映出他的性格。

1. 金首饰

金首饰一般价格不菲，是大多数女人梦寐以求的东西。全身上下戴满了金戒指、金耳环、金手镯、金项链的人，往往会是一个表现欲很强、性格外向、热爱交际的人。如果只戴少许金首饰，比如只有一条项链、一对耳环，或只是一块金表，说明这个人性格不太外向，不喜欢张扬，注意约束自己。

2. 银首饰

银首饰一般比较低调，但不失美观和品位。喜欢戴银首饰的人很有计划性，喜欢按照事先制定好的规则做事，尤其是每天的例行工作。这种人不喜欢特立独行，也不喜欢发生突然的变动。在他们的世界里，遵守秩序是很重要的。和他们交往时，千万不要做些另类的、新奇的事情。

3. 夸张的首饰

有些人喜欢戴很大的首饰，比如大耳环、大块的胸饰、大颗的彩色假宝石等，这类人大多无忧无虑，很有幽默感，喜欢在众人中突出自己。在交际中，他们比较受人欢迎，同时也乐于助人，能与人善处。

4. 艺术品首饰

艺术品首饰最能显示一个人的品位。一些人喜欢买手工做的首饰，或是自制的饰物，每件都是与众不同的。这类人是有创造性的人，如果向文艺或戏剧方面发展或搞建筑工作，肯定会有成就。另外这类人比较自我，有自己的一套价值观，喜欢特立独行，但不一定很张扬。

5. 宗教饰物

宗教饰物代表一定的宗教意义。有人爱戴一个小十字架或其他宗教意味的小饰物，表示有深切的内在力量，对自己的素质引以为荣。这种类型的人为人是实际的，决无花架子，不希望有炫耀成分的饰物在身上，更不戴假首饰。另外，这种人可能有很深的宗教倾向，和他们交往时，注意不要触犯他的宗教忌讳。

6. 家传首饰

家传首饰有的是价值连城，有的是有着某种纪念意义，不少人不去买现代的首饰，而喜欢戴家传首饰，如旧的手镯、旧式耳环和戒指，或一对古老的袖口饰或胸饰。这类人大多具有强烈的家庭观念，他们时刻关心家人、忠于家人。

另外，这种人对朋友也非常忠诚。和他们交往时，如果想获得他们的好感，不妨以家人为话题表现出自己同样恋家，那样很快就能获得他们的认同感。但一定要注意，表达要真诚，矫揉造作反而会让事情糟糕。

7. 假首饰

身上成串的红宝石、绿翡翠，其实全是赝品。喜欢戴假首饰的人把自己的外貌放在非常重要的地位，哪怕是假的，只要符合自己的审美观，也照戴不误。这种人比较随意，一点也不呆板拘谨，善于和人相处，在人际交往中也比较受欢迎。

观 其 行

古人认为看人不仅要听其言,还要观其行,这是不无道理的。谈话只是口头上的,而行为社交却是实实在在的。一个人的站姿、坐姿、走路的姿势,能反映出一个人的精神面貌;社交场合的行为表现和行事风格,能传达出一个人的内心所想。因此,我们能够通过一个人的行为社交探察其真实的心机,了解其性格,进而做出正确的判断。观其行除了需要仔细观察之外,更需要掌握一定的技巧,这样才能让我们在阅人的过程中事半功倍。通过本篇的讲解,相信你能从中有所启发。

第三章　行为举止透露出的心机

手势传递的性格特征

在与人交往中，手势已经成为其中很重要的一部分，它起着加强语言的力量、丰富语言的色彩等补充和说明的作用。更有时候，它甚至能够成为一种独立而有效的语言进行使用，它还可以帮我们看准一个人。

当然，大家都懂得，这些手势都是在生活当中约定俗成的，但这些手势在不同的地区、不同的国家、不同的宗教信仰和文化背景下，对它们的理解可能会有一些差异。

一般来说，有意图的手势传递的信息量往往更大，如挥手表示再见；双手比画一定的尺度大小；竖起大拇指表示对某人的称赞；竖起小拇指则表示轻蔑；食指弯曲与拇指接触，呈圆形，其余三指张开，表示某件事情已经完成，即"OK"；而拇指和食指伸直，呈垂直状态，其余三指并拢，成大致的枪形，则表示怀有某种仇恨，有发泄的欲望等等。

喜欢把手指放到嘴边咬指甲或是吮吸手指的人，无论外表多么高大健壮，在精神和心态上他们还是比较幼稚的，因为真正成熟的人绝对不会有这样的行为的。

通常，一个人的手指若不停地动弹，多是他目前正处在一种非常紧张的状态中而感到无所适从，凭借这种方式来转移自己的注意力，以缓解紧张的心理。用手指轻轻地敲打桌面，暗示这个人可能陷入某种困境当中或是在思考解决问题的办法；或是处在犹豫之中，不知道某个决定到底是该下还是不该下；也有可能是这个人不耐烦，用这种方式来减轻一下烦躁的情绪。

一个人如果经常做出让人感觉到非常有力量的手势，说明这是一个有勇气、有魄力，凡事敢作敢当，能够承担一定责任的人。这一类型的人做事非常果断和坚决，一旦想做，就会付诸行动，而且有一定的韧性和毅力，不会轻易放弃。

一个人如果经常有较无聊的手势和动作，说明这个人的自制能力比较差，且比较重视表面化的一些东西，虚荣心和表现欲望比较强烈。

在与人交往中，突然用两手紧紧地抱住胳膊，身体稍微有些向后仰或是双手叉腰，身子前探，这都表示对对方的话持不赞成的态度。

在听人讲话时，把双手插进口袋里，这是一种很不礼貌的行为表现，会让对方产生一种不被信任的感觉。在说错某一句话时，赶紧用手捂住嘴，做遮掩之势，这样的人大多性格比较内向，而且腼腆，说错话以后会非常后悔，并感觉不好意思。

边说话边打手势。这种人与人谈话时，只要他们一动嘴，一定会有一个手部动作，摊双手、摆动手、相互拍打掌心，等等，好像是对他们说话内容的强调。他们做事果断、自信心强，习惯于把自己在任何场合都塑造成一个领导型人物，很有一种男子汉的气派，性格大都属于外向型。

如果这类人去演讲，一定会极尽煽动人心之能事，他们良好的口才时常让你不信也信。他们与异性在一起时表现得尤其兴奋，总是极欲向人表现出自己"护花使者"的身份。

这类人对朋友相当真诚，但他们不轻易把别人当做自己的知己。踏实肯干的性格使他们的事业大都小有成就。

腰部动作透视人的心理

陶渊明"不为五斗米折腰"，表现出他不畏权势、坚持自我的气节。在古代，折腰就是指弯腰，这代表一个人对另一个人的屈服，是认输的表现。除了折腰之外，腰部还有其他的动作，这些动作与一个人的心理状态和精神状态有关联。

1．弯腰动作

鞠躬、点头哈腰需要把腰的位置放低，属于低姿势，精神状态也随之"低"下来。向人鞠躬，或表示尊敬，或表示某种谦逊态度；下级面对上级，晚辈面对长辈，就会不自觉地采取弯腰的姿势。

谦逊再进一步，就会演变成服从、屈从，在心理上自觉不如对方，甚至惧怕对方，这一系列的心理变化反映在身体上，就是在居于优势的人面前把腰部放低的动作。弯腰、鞠躬、作揖、跪拜等动作一方面是表示礼貌、礼仪，除此之外都是表示服从或屈从对方，自己的情绪受到了压抑。

2．挺腰动作

用力挺直身体，使身体增高，让自己看起来更有气势，在气势上压倒别人，这是进行威吓，表示无畏，力图使自己处于优势的动作。经常做这个动作的人一般情绪高昂，充满自信，对生活充满热情，对困难无所畏惧，且有自制和自律的能力。但是，这种人一般缺乏灵活度，不会根据实际情况的变化作出相应的调整。

3．手叉腰间

这一动作表示胸有成竹，对自己将要做的事已做好精神上的准备，确信一定能够马到成功。手叉腰间，两只拇指露在外面，这种人或因为职位，或因为权势，他们有一种优越感，总是在不经意间流露出某种支配欲。

4．蹲姿

这是最低位的腰部动作，多见于疲劳的老年人，表面上的意义完全是防卫和服从。一般文化水平较高的人很少采取蹲姿，一方面因为蹲姿形象上不雅观，另一方面因为这个姿势代表的意义消极，心理上处于劣势。

5．始终浅坐在椅子上

这个动作流露出一种心理上的劣势和精神上的不安定感。一般这种人地位比较低下，在上级面前，坐也不是，站也不是；叫他坐下，也只是屁股沾着一点儿椅子边。这种人唯唯诺诺，缺乏斗志，只是想平平淡淡地度过此生，一般也不会有什么大成就。

6．深坐者身体位置放低

这种人比较有自信，认为眼前的事物并不会引起他们紧张，精神上处于放松状态。一般身份地位较高的人经常采用这种姿势，以表示他们的权威和自信。而普通人做这个姿势，则说明他对未来比较有把握，虽然现状不佳，但他们相信通过自己的努力能够获得成功。

7．在他人面前猛然坐下

这个动作看起来是一种随随便便、不拘小节的样子，但实际上这种人内心隐藏着不安，或者心事重重，用这个看似轻松的动作来掩饰自己的压抑。如果同这个人谈话，他往往会表现出心不在焉的状态。和这种人交往，不要为外表所迷惑，抓住你自己的优势，步步紧逼，他就会紧张得乱了章法。

坐姿中透露出的心机

古人讲究"站有站姿，坐有坐姿"，良好的坐姿能给人留下好印象，但是在日常生活中，几乎每个人都有自己独特的坐姿，可以说是各具特色、不一而足。每一种看似随意的坐姿背后，都隐藏着一个人内心的心理活动。

一般而言，站立的姿势是最适合人们活动的一般状态，因此我们在坐着的时候，往往以立刻站起来的姿势为准备的。有些人喜欢浅坐于椅子上，这样的人显得比较紧张，时刻有着戒备心理，而且处于随时可采取行动的状态。一般而言，他们的警觉性比较高。

还有些人坐姿稳如泰山，这类人在精神上大都处于优势地位，或者是有意处于优势地位。这种人以领导居多，他们通常喜欢摆出一副悠然自得的样子，对手下发号施令，来显示自己的权威。

生活中，很多人都有跷二郎腿的习惯。一坐下来立刻跷起二郎腿的人，大都深具戒心，不容易相信别人，并且有着不服输的对抗心理。按照东方的传统，女性一般不应该有跷腿的习惯，因此，敢大胆跷起二郎腿的女性，一般都对自己的容貌很自信，采用这种坐姿也希望引起男人的注意。这种女性看似随便，其实自尊心极强，内心很清高，但要赢得芳心或以心相许并非易事。

刚开始坐下时，有许多人就把脚交叠起来或扶住椅把。这种人好胜心比较强，不喜欢输给对方，一开始就存有对抗意识。在和生意伙伴谈判时采用这种坐姿，会给对方留下不良的印象，认为这是看不起对方的表现。

女性两肘靠在桌面上交叠的时候，同时又不断反复交叠后放下，放下之后又交叠的时候，是很关心对方的表示。在交谈期间，先将脚叠起来的人，是表示自己的优势。另一种脚稍微叠起一点点是表示心里的不安。

一般来说，宁可坐旁边而不坐正面的人，有推测对方心理的目的。情侣在一起的时候，选择坐在旁边的人是为了更好地观察伴侣。但也有些不是情侣，也会采用这种推测心理的位置，比如在一些娱乐场所，女侍者往往坐在客人的旁边，也是有这种心理。此外，采用这种坐的位置也含有亲近感或者不安定的想法，有的还怀有邪念等。

坐在对方的正面时，是想使对方了解自己。与别人相对而视，表现出一种开诚布公、真心诚意的态度。初次见面和在生意上与对方接触时，经常采用这种坐的位置，这种人一般比较重视礼貌，能够以礼待人，在为人处世方面比较圆滑，做事情滴水不漏。

还有一些人喜欢找靠近门口处的座位坐下来。这种人的警惕意识强烈，缺乏安全感，总是疑神疑鬼，不容易相信人。

背向房间内角而坐的人，比背向入口处坐的人具有心理方面的优越感。某犯罪组织的头目，每当进入老主顾的饭店时，毫无疑问会坐在最靠内角的座位，背向墙壁，以便监视入口处。这样一来，一旦有杀手冲入，就可以立即做出反应，而且由于后面是墙壁，没有从背后被人偷袭的危险，所以这可以说是最安全的位置。

这种情形在商业领域同样可以见到。在西方社会，以高楼大厦作为办公室的大企业、大公司里，董事长办公室大都位于最上层的一个角落，因为这个位置可以目视入口，背向大窗户。目的同样是为了解除背后的不安全感而设立的。

有一种面试方法称为"紧张面试"，在现代企业中被广泛运用。即主考官坐在房间内角的桌子后面，应试者则背向门口而坐，双方采取对坐方式。由于应试者是背向门口的，因此他们容易紧张，产生忐忑不安的心理。此种方法的目的是通过将应试者置于一种不安定的心理状态中，来了解其内心深处的反应，检测他们的抗压力和内心稳定程度。

通过以上这些事例，我们可以得出这样一个结论：在聚会场所里，尽量往里面坐的人，一般比较有权势和地位。但是这种人特别敏感，凡事小心谨慎，对于可能加诸于本身的威胁有很强的戒备心理。

乘车选座观人术。一般而言，素不相识的人在一个狭小的空间里，也会下意识地保留一定的空间距离。彼此不熟悉的人靠得太近，容易引起他人心理上的不安和不快。在社会生活中，从这些乘车选座的小动作上，是可以了解一个人的很好机会。

就乘车来说，在始发站的车内，靠窗户两边的座位会有人抢着坐。这是因为最先上车的乘客总是想与其他人保持距离，尽可能找偏远位置而坐；其次，则选中央位置；然后，逐次坐填其他空位，直至坐满为止。

以这种方式选择座位的人，大多数是属于性格拘谨、与世无争的人，他们缺乏积极的竞争意识，他们一方面维护自己的身体空间，另一方面也是尊重他人存在的一种表示。

但是，假使车内人潮汹涌的话，就无法有充裕的身体空间了。人们相互间挤来挤去，甚至动弹不得。这个时候他们就会产生不愉快的感觉，不仅是由于个人身体失去自由而引起的，也因为心中认为自己的固有空间受到侵犯而造成。处在这种状态中的人，就会试图忘记自己的存在，把视线投到漫无目标的方向去，犹如自己变成物体任意受人摆布。因为既为物体，就不需要有任何意识的感情存在，而得以泰然处之。

这是大多数人在一般人际关系中，选择座位的方式。也就是说，在没有感情好恶的特殊心理关系情况之下，谨慎的人大都会选择足以保护身体空间的座位。

站姿反映人的个性

站立的姿势也可反映一个人的性格特征。一些人在站立时，抬头、挺胸、收腹，两腿分开直立，两脚掌呈正步，像松树一样挺拔。这种人一般健康自信，因为自信，所以这种人做事雷厉风行，魄力十足；这种人很富有正义感、责任感，很受人们的青睐。

与之相反，站立时弯弯曲曲、头部下垂、胸不挺、眼不平的人，则是自信心不足，做事畏缩不前，对风险和责任望而生畏。这种人可能天生就是偷鸡摸狗的料，因为他们做贼心虚，所以头抬不起，胸不敢挺。还有一种人也如此，那就是一辈子与药罐子为伍的人，当然，这种人不是不想挺直腰做人，而是因为病痛之故。

有一种站立姿势则是前面两种人的一个折中。这种人有着不倒翁的能力，他们遇着南风往北边倒，遇着北风往南边倒。为了不倾不斜，这种人极会阿谀奉承、拍马钻营之能事。这种人还善于伪装，伪装得让人觉得马屁拍的声音不大，但很温柔舒服。因此，这种人一般深藏不露，城府很深，有的可以用心肠歹毒和阴险狡猾来形容，所以面对他们应该小心慎重。当然，他们这群人中也混有那些缺乏主见、优柔寡断之人。

人们一般提倡丁字步的站姿：两腿略微分开，前后略有交叉，一只起平衡作用，身体的重心则放在另一只腿上。这样不显得呆板，既便于站稳，也便于移动。站立的姿势适当，你就会觉得呼吸自然、发音畅快、全身轻松自如，特别有助于提高音量。只有好的站姿，才能使身姿、手势自由地活动，才能把自己的形象充分地表现出来。站立的姿势，只有给人以直、挺、高的美感，才是最好的站姿。

所谓"直"，就是站立时脊柱与地面保持垂直，在颈、胸、腰等处保持正常的生理弯曲，颈、腰、背后肌群保持一定紧张度。

所谓"挺"，就是在站立时身体各主要部位舒展，头不下垂，颈不扭曲，肩不耸、胸不含、背不驼，髋、膝不弯。

所谓"高"，就是站立时身体重心提高，并且重点放在两腿中间。

站姿是性格的一面镜子。我们应该细心观察周围的人，从他们站立的姿势语言去探知其性格心理。

脚足展现的内涵

脚，处于人体的最下部，一般来说是比较容易被人忽略的。但脚是人体比较灵活的部位，一双脚可以带你走天涯。脚的动作，也是身体语言的一种，脚能够呈现出丰富的内涵，看似一个不经意的动作，却可以泄露一个人内心的机密。

两只脚相互交叠，大多数情况下，有这种动作的人是正在克制自己。因为人们在克制强烈情绪时，会不自觉地将双脚紧紧交叠。在社交场合中，当一个人处在紧张、惶恐的情况下，经常会做出这种姿态。对于害羞的人来讲，初次见到陌生人时，也会做出这种姿势。

在谈判时，如果对方身体坐在椅子前端，脚尖举起，这其实是一种好的信号，因为这种殷切的姿态代表他们愿意合作，这是一种积极的情绪表示。如果你善于观察，注意到这点并且善加利用，双方就可能达成互惠的协议。在谈判时，如果发现对方有了这种动作时，不妨稍作让步，你的大度加上对方的诚意会让你们的谈判取得令双方都满意的结果。

说话时，身体挺直，两腿交叉跷起，这一姿势代表的是怀疑与防范，他们不容易相信别人。因此，在人际交往中，要注意那些"跷二郎腿"的人。有些人还会做出这样一种动作：坐在椅子上而跷起一只脚来跨在椅臂上，这样的人要引起我们的警惕，因为这种人往往缺乏合作的诚意，他们只关心自己的利益，而对别人的需求漠不关心，有时候甚至还会对你带有一定的敌意。

双脚自然站立，左脚在前，左手习惯于放在裤兜里，这种动作暗示他有着良好的人际关系，这种人为人宽厚，从来不给别人出什么难题，比较容易和谐相处。这种人平常喜欢安静的环境，给人的第一印象总是斯斯文文的。但实际上碰到比较气愤的事，他们也会怒不可遏的。

双脚自然站立，双手插在裤兜里，时不时取出来又插进去，这样的人比较谨小慎微，凡事喜欢三思而后行。在工作中，他们比较缺乏灵活性，不会根据实际情况做出改变，往往生硬地解决很多问题。他们的抗挫折能力一般较弱，大都经受不起失败的打击，在逆境中更多的是垂头丧气。

两脚交叉并拢，一手托着下巴，另一手托着肘关节，这种动作暗示他对自己的事业颇有自信。这种人做事踏实认真，喜欢制订计划，并且执行力很强，能够按照计划一步步地去实现自己的目标。但是这种人缺乏灵活的变通能力，有时候会钻牛角尖。

两脚并拢，保持自然站立，双手背在身后。他们大多在感情上比较急躁，但是与人相处一般都比较融洽，因为他们很少拒绝人，总是会尽自己所能去履行自己的诺言。

双手交叉抱于胸前，两脚平行站立，这个姿势具有强烈的挑战和攻击意识。有这种习惯的人大多野心勃勃，争强好胜。对于女性来讲，这种姿势显得不太雅观。

一个人如果两手插在口袋中，拖着脚步，很少抬头注意自己在往何

65

处走，这样的人往往是心情沮丧的人。他们对前途没有信心，缺乏目标，总觉得前面有很多困难和挫折，这样的人非常消极。人际交往中，要避免和这样的人做过多的接触。

用脚尖使整个腿部颤动，有时候还用脚掌拍打地面或者用脚尖磕打脚尖，这种人一般比较自私，他很少考虑别人的感受，凡事从利己主义出发。但是，这种人比较有想法，头脑灵活，经常给周围朋友提出一些意想不到的问题。

在一个家庭里，通过一对夫妇双足交叉的动作往往可以看出哪一方是家庭的主宰。先行交叉自己双足的一方，一般会在家庭中占有优势。

从睡姿了解对方的潜意识

观察和了解一个人的性格有很多种方法，但若说到最好的方法却并不多，而睡姿则是其中的一种。一个人以什么样的姿势睡觉，是一种直接由潜意识表现出来的身体语言。一个人无论是假装睡觉还是真正的熟睡，睡姿都会显示出一个人在清醒时表露在外和隐藏在内的某种思想感情。对于自己而言，我们在很多时候并不知道自己在睡觉时采取什么样的姿势，不妨问一问身边亲近的人，然后根据实际的性格对比一下。除此以外，还可以对别人有个大致的观察和了解。

采取俯卧式睡姿的人，大多有很强的自信心，并且能力也相当突出。对于所追求的目标，他们的态度是坚持不懈，有信心也有能力实现它。在绝大多数情况下，他们都能很好地把握住自己。他们对自己有清楚的认识，知道自己是谁，也知道自己在做些什么。他们随机应变的能力比较强，懂得如何调整自己。另外，他们还可以很好地掩饰自己的真实感情，而不让他人看出一点儿破绽。

在睡觉时采用婴儿般的睡姿。他们的独立意识比较差，对某一熟悉的人物或环境总是有着极强的依赖心理，而对不熟悉的人物和环境则多有恐惧心理，多缺乏安全感，比较软弱和不堪一击。他们缺乏逻辑思辨能力，做事没有先后顺序，常常是这件事情已经发生了，而准备工作却还没有做好。他们责任心不强，在困难面前容易选择逃避。

侧卧。一般情况下，常常侧卧的人是个漫不经心的人，不能说这种人对生活不投入，但很多时候他们会当一个生活的旁观者，或许他们只是在游戏人生。事实上，这种人属于情绪型的人物，总是处在情绪的波动之中，做事情时感情色彩对他们的影响比较大。不过他们也有自己的长处，能很快忘记刚刚遇到的不快，而重新做自己的事。他们不仅是个耐心的听众，而且很多时候也愿作为一个参与者加入到交谈中。一般情况下，他们从不为自己树敌，很多人都能与这种人和平共处。

日常生活中，这种类型的人一般都有很好的表现。当然也有大失水准的时候，这跟他们波动的情绪有关。这些人对自己的内心世界也有较深的了解，深知自己存在的缺点，但并不打算去改变，他们始终认为人无完人，况且现在的生活已经相当不错了。所以，他们也不会去做些没有报偿的事情。

独睡。独睡的人一般是具有恋己倾向的人。一般来说，喜欢独睡的人无论在生活和工作中，都是一个独行主义者。他们极度重视自己的私人空间，认为那是神圣不可侵犯的，自己的领域不会随便让别人闯入，即使对方是自己最亲密的人。

这种人的最好伙伴就是孤独，因此他们一般没有太过亲密的朋友。在成长过程中，他们已习惯了独立解决问题和应付一切困难。这种人太喜欢独自一人生活了，他们把自己的感情世界看成是生命的堡垒，从不邀请别人走进自己的内心与之倾心交谈。从某方面而言，这种人是个带有自恋倾向的人。在生活中，他们完全是一副自给自足的样子，从来不信任任何人。他们不想别人干涉自己的私人生活，也并不会认为他人关心自己是有意与自己为敌。

裸睡。习惯裸睡的人一般是感性生活者。一般来说，许多北方人都习惯裸睡。喜欢裸睡的人向往自由和轻盈的东西，所以，被束缚了一天的身体已经够难受的了，当晚上回家后，他们就想要自己彻底放松。

从这种类型人的行为中可以感觉到，他们是比较感性的人，做事情时，他们一般靠感性去作决定。例如当这种人新结识一个人时，他们不是按照通常的方法去认识这个人，而是完全凭自己的直觉去判断这个人，看他是否值得自己去结识，所以他们的成功和失败是完全对等的。

喜欢睡在床边的人。他们会时常缺乏安全感，理性比较强，能够控制自己，尽量使这种情绪不流露出来，因为他们知道事实可能并不是这个样子，那只是自己一相情愿的想法。他们具有一定的容忍力，如果没有达到某一极限，轻易不会反击、动怒。

在睡觉时整个人成对角线躺在床上。这一类型的人多是相当武断的，他们做事虽然精明干练，但决不向他人妥协，态度是我说怎样就怎样，他人不得提出反对的意见。他们乐于领导别人，使所有的事情在自己的直接监督下完成。他们有很强的权力欲望，一旦抓住就不会轻易放手，而且越抓越紧，决不愿与他人分享。

喜欢仰睡的人多是十分开朗和大方的。他们为人比较热情和亲切，而且富有同情心，能够很好地洞察他人的心理，懂得他人的需要。他们是乐于施舍的人，在思想上他们是相当成熟的，对人对事往往都能分清轻重缓急，知道自己该怎样做才能达到最好的效果。他们的责任心一般都很强，遇事不会推脱责任选择逃避，而是勇敢地面对，甚至是主动承担。他们优秀的品质赢得了他人的尊敬，又由于对各种事情能够做出准确的判断，所以很容易得到他人的依赖，也会为自己营造出良好的人际关系。

双脚放在床外的睡觉姿态是相当使人疲劳的，但仍有人选择这样一种睡姿。这一类型的人大多是工作相当繁忙，没有多少休息时间的人。他们的生活态度是相当积极和乐观的，在绝大多数时候显得精力充沛，而且相当活泼，为人也较热情和亲切。他们多具有一定的实力和能力，可以参与到许多事情当中，生活节奏相当快。

头摆在双臂之间，脸朝下，背部朝外，膝盖缩起来，藏在胸部下方，采取这样一种睡姿的人，一般具有很强的防卫心理，并且这种心理时刻存在着，准备随时出击。他们的自主意识多比较强烈，不会听从他人的吩咐或摆布，去做一些自己并不愿意做的事情，更不会向权势低头，假如有人强行要求他们，他们就会采取必要的措施来应付。

双手摆在两旁，两脚伸直坐着睡。这种睡姿在生活当中并不多见，但仍然存在。这一类型的人多时刻处在一种高度紧张当中，他们的生活节奏多是相当快的，而且规律化极强。每天在什么时间做什么事情似乎已固定下来，而他们在这个过程中，身体和思想在自然而然中也形成了一定的规律，俨然条件反射一般。

双臂、双腿交叉在一起睡觉的人，自我防卫意识大多数比较强，不允许他人侵犯自己的空间。他们的性格是非常脆弱的，很难承受某种伤害。他们对人比较内敛、冷漠，经常压抑自己而拒绝真情实感的流露。

在睡觉的时候习惯握着拳头，好像随时都准备应战。这一类型的人假如把拳头放在枕头或是身体下面，表示他们正试图控制这种积极的情绪。假如是仰躺着或是侧着睡觉，拳头向外，则有向人示威的意思。

从走路方式识别对方

英国心理学家莫里斯经过研究发现一个有趣的现象：人体中越是远离大脑部位的动作，越是可能表达其内心的真实感情。从脸往下看，手位于人体的中间偏下部位，诚实度可以算中庸，研究发现，人们或多或少在利用手来说谎。脚离大脑的距离最远，相比之下人的脚部要比其他部位"诚实"得多，因此，脚的动作能够泄露人们独特的心理信息。

与其他的肢体语言一样，脚的动作有特殊意义。汉语中很多词语都是用来描述脚的动作的，例如轻、重、缓、急、稳、沉、乱等。这些形容词与其说是描写脚步，不如说是在描述人的心态：稳定或失衡，恬静或急躁，安详或失措等。

人们能够从"脚语"来判断一个人的性格或心情。

行为学家明确指出："在一般情况下，要判断对方的思想弹性如何，只要让他在路上走走，就可以基本了解了。"一个人的心情不同，走路的姿势也就不同；每个人的禀性各异，走起路来也有不同的风采。

除了走路，在其他场合下的"脚语"也能表露出某个人的心理活动。例如，一些参加面试的人，虽然他们冷静地坐着，表情轻松，面带微笑，肩膀自然下垂，手的动作和缓，看似雍容自若。但你看看他的脚，两只脚扭在一块儿，好像在互相寻求安全感；然后他的两脚分开，几乎不为人所察觉地轻轻晃动，好像想逃走；最后，他们又两腿交叉，而且悬空的一只脚一上一下地拍动。虽然坐着没动身，两只脚却泄露想脱逃的意愿。

因此可以说，在泄露人的心理活动这一方面，脚是全身最诚实的部位。可惜很多人都顾不上或不注意观察这个部位，对这方面的知识也缺乏了解。

走路低头的人沮丧。有的人走路的时候总是拖着步子，把两只手插进衣袋里，头常常低着，只埋头拉车，不抬头看路，不知道自己最终要去哪里。这样的人往往是碰上了难以解决的问题，到了进退维谷的境地。很多快要走入绝境的人常常有这样的表现。

走路前倾的人谦虚，有的人走路总是上体前倾，而不是昂头挺胸。这种人的性格比较内向和温和，为人比较谦虚，一般不会张扬，很注意严格要求自己，很有修养。他们的脚步有时很慢，不时还会停下来踢一下石头，或者捡起什么东西来看一下，然后又丢下。从一般的情况看，有这种行为的人往往心事重重。

走路沉稳的人务实。有的人走路从来都是不慌不忙的，哪怕碰到了最重要、最紧急的事。这种人办事历来求稳，无论做什么事情都要"三思而后行"。这样的人比较讲究信义，比较务实，一般来说，工作效率很高，说到做到。

走路两手叉腰的人急躁。有的人走路两手叉腰，上体前倾，就像一个短跑运动员。他们可能是一个急性子，总希望在最短的时间之内跑完急需跑完的路程。这种人有很强的爆发力，在要决定实施下一步计划的时候常常表现出这样的动作。在这段时间里，从表面上看，他们处于沉默的阶段，好像没有什么大的举动。其实，这叫"此时无声胜有声"。他们的这种动作，实际是一个大大的"V"形，正是他们在告诉别人，胜利正在向我走来，你们就等着我的好消息吧！

喜欢踱步的人善于思考。就姿态而言，这是非常积极的姿态。但是旁人可能对踱步者讲话，因而可能使他思绪中断，并且干扰到他正想作的决定。多数成功的推销员了解：要让踱步的顾客单独思考是否决定购买自己所推销的商品，不要去打扰他，这点是很重要的。当他想要问问题时，他们才让他停止踱步思考。有许多成功的谈判乃至于一方咬着舌头不吭气，让另一方继续决策行为，在地毯上踱方步。

高抬下巴走路的人傲慢。有的人走路的时候，下巴高高地抬起，手臂很夸张地来回摆动，腿就像高跷一样显得比较僵硬。他们的步子常常是那样的稳重而迟缓，好像刻意要在别人的心目中留下深刻的印象。这种人非常傲慢，如果不想与这样的人对抗，在他们的面前最好表现得谦虚一点。

漫步的人外向，踱步的人内向，有的人走路总是不正规，就像玩儿似的，一点儿也不规范。这种人与喜欢踱步的人正好相反。他们属于外向型的人，对周围的一切事情都感兴趣。

这样的人对什么事情都不会很认真，可以接受各种各样的意见。人们称之为曲线型的人。

因此，在泄露人的心理活动这一方面，脚是最诚实的部位，所以对此加以了解是必要的。

下意识小动作暗藏的语言

举手投足之间可以反映一个人的心态和性格。有些下意识的小动作，能够在不经意之间透露出一个人的内心。

1. 边说边笑

这种人不管自己或别人的讲话是否值得笑，甚至连话都还没讲完他就笑起来了。他们不是不重视与别人的交谈，只是自己本身爱笑罢了。

有这种下意识动作的人大多性格开朗，知足常乐，对生活要求不太苛刻。他们有着天生的交际能力，无论在什么地方，他们总是有极好的人缘，这有助于他们开拓自己的事业。但是这类人大多喜爱平静的生活，缺乏一种积极向上的精神，多属于没有野心、喜欢过与世无争生活的人。

2. 拍打头部

如果你正在问他"我的事情你办了没有"，他恍然大悟地拍了一下脑袋，那么你不用再问也不用他再回答了。因为拍打头部这个动作的意义就是在向你表示懊悔和自我谴责，他肯定把你上次交代的事情忘到脑后去了。

时常拍打前额的人一般都是心直口快的人，他们为人坦率、真诚，富有同情心。他们没有很深的心机，如果你想从某人那儿了解什么秘密的话，这种人是最佳人选，他会把他所知道的全都告诉你。但这并不是说明他没有忠诚度，相反，他很愿意为别人帮忙，替别人着想。如果这种人得罪了你的话，请记住，他们绝对不是有意的，而且他们会马上认错，请求你的原谅。

如果他拍打的部位是脑后部，那么这种朋友你可要小心了。因为他这种人不太注重感情，而且对人苛刻，功利心比较强，他选择你作为他的朋友，很大程度上是因为他可以利用你某个方面的条件。当然，这种人也有很多方面值得你去交往和认识，比如对新生事物的学习精神等，尤其是他对事业的执著和开拓，你会从中获益良多。

3. 交谈时抹头发

当与你面对面坐着或站着的时候，这种人总要时不时地抹抹头发，看起来好像在引起你对他们发型的兴趣。其实这只是一种下意识的动作而已，这种人就是一个人独自在家发呆，他也会每隔三五分钟就查看一下头发上是否沾上了什么不好的东西。

这种人通常性格鲜明、个性突出、爱憎分明，尤其疾恶如仇，这也导致他们容易冲动，做事情不考虑后果。因为他们太过于自我，重视自身的感觉，大多数缺乏一种对家庭的责任感。

他们一般做事细致，善于思考，他们的快乐来源于追求事业的过程。他们是不在乎事情的结局的，只要大胆地去做了，即使失败，他们也不会后悔。

4. 挤眉弄眼

不管是在两人世界还是在大庭广众之下，这种人都肆无忌惮地挤眉弄眼，有时候他们是在调情或相互勾引，但更多的时候不是这样。他们缺乏内涵修养，为人太轻浮，在恋爱和婚姻上容易喜新厌旧。虽然表面上他可能和爱人相处得很融洽，不会去做离婚这种事情，但你不要被外表所欺骗，他之所以这么做只不过是他的自尊心在起作用而已。

这种人善于处理人际关系，尽管他们内心都比较高傲，但因为他们处世圆滑，不让别人看出破绽。他们善于捕捉机会，积极争取，深得上司的赏识。

另外，这种人极好阿谀奉承，只要是对自己有利的事情，他会不惜说尽好话巴结别人。但事成之后，他可能就不会再对你那样了。

5. 掰手指节

有些人习惯于把自己的手指掰得咯吧咯吧地响，这完全是下意识的，不管有人无人，有事还是无事。但是对其他人来讲，如果心烦意乱时听到这一种响声，心里一定极不舒服，真想冲上去冲他吼两声。

这类人大多精力旺盛，活力四射，即使他生病了，只要叫他去干一件他平常最喜爱的活动，他同样会从床上爬起来。他们还很健谈，但容易得理不饶人，倚仗自己思维逻辑性较强而经常把你的谈话、观点说得一无是处。这种人比较任性，对工作环境很挑剔，如果是他喜欢的，他会不计较任何代价而踏实努力地去做；相反，他肯定会不好好工作，直到你把他辞退为止。另外这类人也比较多愁善感，而且很痴情，只要是异性，他们可能只相处一两次就会爱上。

6. 腿脚抖动

生活中，你会发现这样一种人，不管是开会也好，与人交谈也好，还是独自坐在那儿工作，或是看电影，他们总喜欢用腿或者脚尖使整个腿部颤动，有时候还用脚尖磕打脚尖或者以脚掌拍打地面。这种行为当然不够礼貌，但习惯者总是习以为常。

这种人最大的特点是自私，他们凡事从利己主义出发，很少考虑别人。在感情上，他们有着很强的占有欲，经常会无缘无故地吃醋，本来很小的事情，他们偏偏说得很严重，有种神经质的倾向。这类人对别人很吝啬，即使是对自己的朋友亲人也不愿多出一份力，他们总是把钱财看得很重要。不过这类人很善于思考，经常会提出一些意想不到的问题。

7. 表里不一

这种人处世圆滑、老练，不轻易得罪别人，即使他心里早就对你恨之入骨，但与你见面时依然会对你友好地微笑。

这种人喜欢假装客气，当你给他递烟或其他食物时，他表面上一再推脱，但手却伸过来接了，显得很客气的样子。这类人一般比较聪明，兴趣广泛，对待感情也不专一，时常把爱情视为儿戏。

与这种人相处，你会因他的表里不一而产生厌恶，但最好不要表现出来，因为他可能会在背后给你使手段，而你还全然不知。

8. 死死盯住别人

有些人在与别人谈话时喜欢目不转睛地看着对方，你可不要以为他是看上了某个人，这只是他的一种下意识的动作。

这种人有强烈的支配欲望，大多数的时候他们确实又都有某种优势，因此只要有机会，他们就会向别人显示自己的能力。如果你的上司是这种人，那么你最好顺从于他。

这种人天生爱自由，不喜欢受约束，一般不在乎外界的看法和评论，他们经常我行我素。这种人表面看起来像花花公子，但他们实际上很专一，一旦选定了人生的目标，不管前面有多少挫折和困难，他们都会坚持不懈地去努力，直到达成目标为止。另外，他们比较慷慨，喜欢结交各种朋友，而朋友中有权势的比较多。

假动作看出他是否说谎

篮球场上，高明的篮球选手经常会用假动作来迷惑对方。在人际交往中，也有不少人善于用假动作来达到自己的目的。假动作多见于说谎者，当你有求于人的时候，被求者有时不想帮你，但不好意思当面拒绝，他们就可能编个谎话来搪塞。很多时候，求人者并不知道他在说谎，只能是表示遗憾而已。大多数人是在事后才知道对方撒了谎。

这样，高明的被求者在毫无防备的状况下，可以把谎话编得天衣无缝，只能说明他惯于此道，让人信以为真。但再高明的谎话都有漏洞，总有一些动作或手势显现出他刚才说了谎话，只是求人者没有用心观察而已。识别一些常见的假动作，有助于我们了解别人的性格，远离一些虚伪的朋友。常见的假动作有：

1. 揉眼睛

说谎之人必定心虚，所以当他们在说谎时，会去揉眼睛以避免与人的目光接触。对男人来讲，会用比较大的力气揉眼睛，如果事关重大，他会转移视线，用眼睛看着地板或者窗外，并尽量装出一副沉思的样子。揉眼睛的女人，习惯在眼的下方轻轻地揉。这样做一是怕弄坏了自己的妆容，二是为了避免动作不文雅。为了避开对方注视，她们常常把眼睛转向窗外。

2．触摸鼻子

当一个人说谎后，他会下意识地用手指去遮捂嘴，但是这样未免太过明显，他害怕别人看出他在说谎，因此他会采用另外的动作，很快地在鼻子上摸一下，马上就把手放下来。根据习惯，当一个人不是在说谎，而只是触摸鼻子时，他一般要用手在鼻子上揉一会儿，或搔抓一下，而不会只是轻轻触摸一下而已。

3．掩嘴

有这种动作的人大多是缺乏说谎经验的人，因为这是一种明显未成熟、还带有孩子气的动作。一种情形下，说谎者大脑潜意识中不想说那些骗人的话，而导致了掩嘴这一动作。另一种情形下，有人假装咳嗽来掩饰其捂嘴的动作，分散自己和别人的注意力。假如一个同你谈话的人常伴有掩嘴的动作，也许他正在说谎话。这种掩嘴的动作可能以不同的形式表现出来：将手握成拳状，将嘴遮住；用指尖轻轻触摸一下嘴唇。

4．搓耳朵

搓耳朵的变化形式还包括拉耳朵，这种动作是小孩子双手掩耳在成人世界中的一种重现。这种动作代表说话者已经不耐烦了，他们原本想通过谎言来拒绝别人，但是别人似乎不买账，仍然苦苦陈述，碍于颜面，被求者只能通过这一动作提醒对方自己已经没有耐心了。一般人在谈话时很少有搓耳朵的，一旦出现这种状况，就表现他可能在说谎。

5．挠脖子

还有一种情况，说谎者讲话时用写字的那只手的食指挠耳垂下方部位。令人感到有趣的是，这种手势要挠上 5 次左右。一个说谎者，除了以上几种表现外，还有其他一些表现，如言辞模棱两可、音调较高、声音不稳定；答非所问，或夸大其词；故意闪烁其词，口误较多；精神恍惚不定，座位距你较远，不想和你有目光接触，强作笑脸；对于你的讲话，点头同意的次数较少；对你所怀疑的问题，过多地一味辩解，一脸很诚实的样子；平时不爱说话，突然变得口若悬河，不自觉地流露出惊慌的神态，但仍故作镇定。

6. 拉衣领

据医学研究证明，当一个人说谎时，会引起面部和颈部敏感组织的刺痛感，这种感觉使得人必须用手来揉或搔抓。说谎的人感到对方怀疑他时，就会下意识地紧张，这时候脖子似乎都会冒汗，这时他会下意识地拉一拉衣领。

辨认对方的假动作是一项非常重要的技巧，我们只有在日常生活中多多观察才能掌握这一技巧，有助于识破对方的谎言，远离虚伪的小人。

从吵架分析一个人的本质

生活中，我们经常会被别人的吵架所吸引。看那架势，双方剑拔弩张，唾沫星子四溅，恨不得把对方碎尸万段，不仅口头上表现激烈，身体语言也颇为丰富。但是听了半天，我们也没有听明白双方到底是为什么吵架，而当事人似乎也只是想争个高下，关于吵架的内容倒不是最重要的了。实际上，吵架调动了当事人全身的动作，从这些看似好笑的动作中，我们能够看出他们性格上的一些特质。

1. 言辞攻击

吵架时喜欢言辞攻击的人非常容易动怒。可能一开始，他只是针对某一件事而吵，可是很快便扩大到对其他事情的言辞攻击上，他会数落对方的每一件错事，甚至功击对方的家人。

这种人有想成功的干劲和必胜的决心，若用在工作和事业上会很有帮助，但用在亲密关系上，将会造成很大的负面效果。这是因为他在争执时口不择言，往往会因小失大，得罪更多的人。

2. 无所谓

这种人心态良好，对烦心的事能够视若无睹。他可以保持高枕无忧、轻松自在的状态，但事实上，他只做自己有把握和能够控制的事，对于力所不能及的事情，他相信时间可以帮助解决。这种人不会破口大骂，但不代表他不生气，要是把他惹火了，他可能就直接上去打人了。所以，这种人的厉害是内在的，而不是表面的。

3. 让人同情

这种人比较有心计，他喜欢有人介入这场争吵，善于在吵架的时候引起别人的同情和关心，好让众人站在他这边。即使他错了，他也有办法博得大众的同情和支持，把自己扮演成为受伤的一方。这种人做事不光明磊落，爱耍小聪明，喜欢算计别人。碰到这种人，最好不要硬来，尽量避免和他正面冲突。

4. 理智处理

他是一个理性大于感性的人，能够讲道理，认为吵架这种激烈的反应不过徒然制造双方的分裂。他可能心里很生气，但是他尽力克制自己，无论在任何情况下，他都不让自己流于情绪化的表达方式。和这种人吵架没什么意思，因为他的理智会让你觉得你一开始就败了。这样的人个性强烈，能够通过理性地讲道理去说服他人。

5. 身体攻击

这种人实际比较暴躁，只要他察觉无法再用言语与别人沟通时，他就会气急败坏，选择直接的正面攻击。他天生容易冲动，只要有事情刺激他，他就会失去理智，不顾后果。比如他会踢自己的车、咒骂路上的行人。这种人喜欢推卸责任，他会因自己的错误而责怪他人，甚至认为自己的举动全是被迫的，是不得已而为之的。

6. 愤怒摔东西

这种人其实比较幼稚，他以为靠恐吓就能使自己看起来强大，就能赢得胜利。若这种人靠语言吵不过对方，就选择使用暴力，只要摔破几个盘子或用手在墙上捶几下，他就觉得好过些。他觉得自己很勇敢很厉害，凭借暴力能够在争执中获得自尊和自信，实际上这只能透露出他本身的软弱。

7. 翻旧账

这种人一般心胸狭窄，得理不饶人，喜欢小题大做。明明是一件很小的事情，他却把所有相关的与不相关的事情全部重提一番。这种人记忆力很强，如果能把这种能力用在其他方面，能取得不小的成绩。跟这种人交往，要注意尽量少让他抓住把柄，不然和他吵架的时候，他会把你的一切全都讲出来。

8. 电话对阵

这种人可能不善于交际，不喜欢在大庭广众之下表现自己，就连吵架也要仅涉及吵架双方，这样的话他就会选择电话对阵。电话沟通比起面对面冲突，不但让他更能够借声音来发泄心中的怒气，还可以将这场争吵的影响降到最低，不至于尽人皆知。采用这种方式，他可以随时挂断再打，或等对方再打给他。这种人比较注意自己的隐私，同时也对自己没有信心。

9. 留纸条或写信

有一种人吵架会采取书面的形式，古代文人之间吵架多采取这种方式。他觉得把想说的话写下来更有条理性，而且这样做双方都会比较理智，不仅自己能控制本身的情绪，也更有把握让别人会听进去自己要说的话。这种人不喜欢直接对质，他觉得那样不太礼貌。这种人一般有着清晰的头脑，自信心也较高。

10. 我的律师会和你联系

这种人注重效率，不想把自己的时间浪费在无聊的争吵上。而且他觉得要赢得胜利，光靠自己的能力单打独斗是行不通的，必须靠他人的协助，而那些人也的确能够帮助他。他不喜欢输，因此会寻求专业协助，而法律行动是他可以想到的最有效的办法。

11. 最后通牒

这种人看似很坚决，实际上对自己作出的决定很没有信心，但是当时的状况让他不得不这样做。他以为下最后通牒会让事情有转机，让自己占得上风。实际上，很少有人会理睬他的这种警告。这种人内心很虚弱，要想打败他，就必须步步紧逼，让他主动下最后通牒。这个时候，他实际就已经输了。

12. 沉默

这种人比较消极，不喜欢和别人争辩，即使明明是对方的错，他也会选择忍气吞声。他很少惹是生非，希望维持现状，不愿和他人针锋相对。在人际关系方面，他是个悲观主义者，只会消极地应对，而不会主动去争取。这种人在工作和事业上，可能会埋头苦干，但是因为他不主动争取自己的利益，最终也不会获得很大的成绩。

第四章　社交场合看出的心理

先入为主的第一印象

第一印象是彼此阅读对方内在的一种快捷方式。这种方式的准确性因人而异，它是阅历场中一棵挂满玄思妙想之树，深者得其深，浅者得其浅。

置身于一个新的环境，一个人的"第一印象"是非常重要的，别人对你，或你对别人都是如此。如果人们给彼此留下的第一印象不佳，要想挽回，是要付出很大代价的，因为人类有先入为主的思维定式，它不自觉地左右着人的思维方式。所以，在和人打交道时，必须慎重地对待这个问题。

卡耐基指出："良好的第一印象是登堂入室的门票。"这话说得对极了。我们往往与人初次见面时，都会在不知不觉中给对方造成"此人很不友善"、"此人很直爽"之类的印象。这是对方和自己的经验相对照，并以其体格、外貌、服装等为基准，使对方产生的一种观念。如果给对方的第一印象有所错觉的话，就很难修正自我的第一印象。即使能修正过来，也要花费很长时间、很大力气。

初到一个新环境，每个人都会有紧张、陌生之感，只要抓住人人都注重先入为主这个特点，从一开始就树立良好的第一印象，保证你万事如意。

你与别人萍水相逢，互不了解，而你的外在形象却毫不客气地作为第一信号打入了他人的眼底。机敏的人能够在这一瞬间凭着自己的心理定式给你打分、对号。而且这种自我经验又非常的固执，人们的特点是最相信自己的最初判断了。有些人费尽心机，却一辈子老不景气；有些人办什么事都那样得心应手，物顺人从，似乎红运天降。其中的奥秘就在于其人的整体"形象"起了举足轻重的作用。

当然，第一印象有的是假象，有时给我们第一印象很好的人也有可能是心怀叵测的小人，我们要善于透过外表看实质，不要让第一印象牵着我们的鼻子打转。每个人都很难从他人的面部表情或者言谈举止轻易断定其心情和目的。难过时，或许他微笑着巧妙地掩饰，兴奋的时候，他也有可能故作沉思低头不语。所以，这时他说出来的话、做出来的事不一定出自于内心的本意。

由于社会生活的复杂性，每个人在不同程度上，都会戴上面具来面对现实中的人和事。随着时间与阅历的增长，每个人的面具会越来越巧妙，很难被人察觉。久而久之，这就转变为一种社会性的心理思维式、一种习惯。随之而来的世故、圆滑也是成熟的标志之一。想一想自己，不也正是如此吗？自己的喜怒哀乐何时明明白白表露在他人面前而不加任何的掩饰！真可谓人心难测，这是我们通晓人际交往秘诀的前提条件。

人际交往的初次印象，常常是十分强烈、鲜明的，并且成为正式交往的重要背景。一对结婚多年的夫妻，最清晰难忘的，是初次相逢的情景、在什么地方、什么情景、站的姿势、开口说的第一句话，甚至窘态和可笑的样子都记得清清楚楚，终生难忘。

第一印象包括谈吐、神态、举止、相貌、服饰，对于感知者而言都是新的信息，它对感官的刺激也较强烈，有一种新鲜感，这就犹如在一张白纸上，第一笔抹上的色彩总是十分清晰、深刻一样。随着后来接触的增加，各种基本相同的信息的刺激，也往往盖不住初次印象留下的鲜明烙印。因此，第一次印象的客观重要性还是显而易见的，并在之后的交往过程中起了"心理定式"作用。给人的第一印象假如是不热情、呆板、虚伪，对方就可能不愿意继续了解你了，尽管你尚有很多的优点，也不会被人所接受。而假如给人留下的印象是风趣、热情、直率，尽管你身上尚有一些缺点，对方也会用自己最初捕捉的印象帮你掩饰短处。

社会学家发现，人们对在公众场合总趋近衣着整洁、仪表大方的人，或衣着略优于自己的人会留下较好的第一印象。

另外，一个人有没有才气最容易从讲话中表现出来。有才气的人一张嘴，那准确的语义、逻辑的力量、丰富有趣的内容立即会吸引对方。相反，夸夸其谈、吐字模糊、内容平庸都对人产生不了吸引力。

识人之道，在于能透过表面现象，用慧眼看穿人的本质，千万别做"悦于色，恶于德"的傻事。

开场白太长透露人的心理

在一些正式的场合，比如会议、晚宴，都会有主持人或者领导说一段开场白的，一方面可以调动现场的气氛，另一方面也正式宣布活动的开始。如果对方是陌生人或者合作伙伴，精彩的开场白必不可少。的确，和对方见面时，如果不先说点儿引言增进一些双方的了解，就直接切入重点，可能会令人对自己的意图产生误解，从而产生戒心而不易沟通，这样也就达不到活动的目的了。

开场白一般简短有力、热情洋溢。但是，假如一个人开场白过长，几乎占了活动的一半时间，这时候听众就不耐烦了，既没有抓住说话的重点，又浪费了大量的时间，同时还对对方产生了不好的印象。所以说，冗长的开场白是画蛇添足、有害无益的。但为什么仍有人喜欢把开场白拖得很长呢？

开场白太长的人有以下几种心理：

1. 缺乏自信

有些人表面上侃侃而谈，但是实际上他心里非常不安，只能用不停地说话来掩饰自己的不自信。听这样的开场白，你根本无法抓住重点，不明白他要表达什么意思。因为他本身很紧张，只是一直不停地说话，而不知道自己到底在说什么。

2. 调节气氛

有些谈判可能太过严肃，双方的关系十分微妙，这时候做开场白的人就会顾虑重重，直接谈到问题重点，可能会对对方造成冲击。所以说话的人就刻意延长开场白，以顾虑对方的反应。

3. 为了显得活动隆重

遇到比较隆重的场合，这种人考虑到若开场白太过简短，可能会使对方误会或不悦，因而留下不好的印象。基于这种不安，所以延长开场白。

4. 自我炫耀

很多人，尤其是一些领导就喜欢做冗长的开场白，一讲就是好几个小时，台下的人其实早就听得昏昏欲睡，但还得强打精神，表现出饶有兴致的样子，这叫做配合领导。这样的领导太过相信自己的权威和影响力，以为自己高高在上，自己的开场白就是会议精神的精髓所在。这种人的讲话可以从古及今，从国外到国内，听起来很高深莫测，实际上没有多大的意义，只不过是为了卖弄自己的才华，显示自己的领导地位。

握手中感觉探知对方的心态

握手，是现代社会中人与人交往时一种较为普遍的礼节，除了传统的表示友好、亲近外，还表示见面时的寒暄、告辞时的道别，以及对他人的感谢或祝贺、慰问，等等。握手不仅是中国人最为常用的一种见面礼和告别礼，而且在涉外交往中也普遍适用。握手的感觉比一般礼节性要求的内容更丰富、细腻。从握手的方式可以看出一个人的性格。

握手时的力量大，甚至让对方产生疼痛的感觉，这种人大多是逞强而又自负的。但这种握手的方式在一定程度上又说明了握手者的内心是比较真诚和煽情的。同时，他们的性格也是坦率而又坚强的。

握手时显得不是很积极主动，手臂呈弯曲的状态，并往自身贴近，这种人大多是小心谨慎、封闭、保守的。

握手时仅仅是轻轻地一接触，握得不紧也没有什么力量，这种人大多比较内向，他们时常悲观，情绪低落。

握手时显得有点迟疑，大多是在对方伸出手以后，自己犹豫几秒钟，才慢慢地把手递过去。除一些特殊的情况以外，在握手时有这种表现的人多内向，并且缺少判断力，做事不够果断。

不把握手当成表示友好的一种方式，而把它看成是例行的公事，这表明此种人做事草率，缺乏足够的诚意，并不值得深交。

一个人握着对方的手，握了很长时间还没有收回，这是一种测验支配力的方法。假如其中一个人先把手抽出、收回，说明他没有另外一个人有耐力。相反，另外一个人若先抽出、收回手，则说明他的耐心不够。总之，谁能坚持到最后，谁胜算的把握就大一些。

虽然在与人接触的时候，把对方的手握得很紧，但只握一下就马上松开了。这样的人在与人交往中大多是能够很好地处理各种关系，与每个人都好像很友善，可以做到游刃有余。但这可能只是一种外表的假象，其实，在内心里他们是十分多疑的，他们不会轻易地相信任何一个人，即使别人是非常真诚和友好的，他们也会加倍地提防、小心。

在握手的时候显得有点紧张，掌心有些潮湿的人，在外表上看来，他们的表现冷淡、漠然，非常平静，一副泰然自若的样子，但是他们的内心却是非常的不平静。只是他们懂得用各种方法，比如语言、姿势等来掩饰自己内心的不安，避免暴露一些缺点和弱点。他们看起来是一副非常坚强的样子，因此，在他人眼里，他们就是一个强人。在比较危难时，人们可能会把他们当成是一个救星，但实际上，他们也十分慌乱，甚至比他人还要严重。

握手的时候，显得没有一点劲儿，似乎仅是为了应付一件不得不做的事情而被迫去做的。他们在很多时候并不是很坚强，甚至是非常软弱的。他们做事缺乏果断、利落的干劲和魄力，而显得犹豫不决。他们希望自己能够引起他人的注意，可事实上，其他人常常在很短的时间内就会将他们忘掉。

用双手与别人握手的人，大部分是非常热情的，甚至有时热情过了火，让人觉得难以接受。他们大多不习惯受到某种限制与约束，而喜欢自由自在，按照自身的意愿去生活。他们具有反传统的叛逆性格，不太注重社交、礼仪等各方面的规矩。他们在很多时候是不太拘于小节的，只要能说得过去就可以了。

把别人的手推回去的人，其中，大部分都有较强的自我防御心理。他们经常感到缺少安全感，因此时刻都在做着准备，在别人还没有出击但有这方面倾向之前，自己先给予有力的回击，占据主动地位。他们不会轻易地让谁真正地了解自己，假如是这样，会使他们的不安全感更加强烈。他们之所以这样，在很大程度上是由于自卑心理在作怪，他们不会去接近别人，也不会允许别人轻易接近自己。

习惯用抽水机般握手方式的人，他们当中大多有相当充沛的精力，能同时应付几件不同的事情。他们做事十分有魄力，能说到做到，且办事干脆而又利落。此外，这一类型的人为人也比较随和、亲切。

像虎头钳一样紧握着别人手的人，在绝大多数时候都显得非常的冷淡、漠然，有时甚至是残酷的。他们希望自己能够征服他人、领导他人，但他们会巧妙地隐藏自己的这种想法，而是运用一些策略与技巧，在自然而然中达到自己的目的。从这一方面而言，他们是工于心计的。

名片体现不同的性格类型

名片虽小，但其花样极其繁多，因此，从名片的种种细节方面，也能了解一个人的内心世界。

喜欢在名片上加亮膜的人、使名片具有光滑效果的人，他们在外表上看起来多显得热情、真诚和豪爽，与人相交十分亲切和善，但这可能只是他们交往中惯使的一种敷衍手段，实际上，他们多是虚荣心比较强的。

喜欢用轻柔质感的材料制作名片的人，具有很强的审美观念，不太轻易与人发生争执。在条件允许的情况下，会尽力去原谅对方。他们比较富有同情心，会经常去帮助和照顾他人。但这一类型的人不算太坚强，意志薄弱，常会给自己带来一些失败和麻烦。

喜欢在名片上用粗大字体印自己名字的人欲望强，他们总是不时地强调自己、凸显自己，以吸引他人注意的目光。这种人的功利心一般都是很强烈的，但在为人处世等方面却表现得相当平和与亲切，具有绅士风度。他们最擅长使用某些手段来达到自己的目的，他们的外表和内心经常会相当不一致，在表面上他们是相当随和的，但实际上，不容易让他人真正地靠近。他们善于隐藏自己，为人处世懂得眼力行事，更能把握分寸，使一切都恰到好处。

在名片上印有绰号和别名的人，其叛逆心理大多比较强，做事常无法与其他人合拍。他们为人处世一般时候是比较小心和谨慎的，但有些神经质，常常会有一些无端的猜疑，猜疑别人的同时也怀疑自己；这使得他们很容易产生自卑感，在遇到挫折和困难的时候缺乏足够的信心，总是想妥协退让。从某一方面来讲，他们没有太多的责任心，并且还总会想方设法来逃避自己该负的责任。

在名片上附加自己家里的住址和电话号码的人大多是具有较强的责任感的，否则他不会把自己家里的地址和电话印在名片上，这样，如果他不在办公室，对方一定会找到家里来，把事情解决。而与此相反地，恰恰有许多人为了逃避工作上的麻烦，而拒绝告诉他人自家的地址和电话。

同时持有两种完全不同的名片的人，精力往往是相当充沛的，同时也还具备一定的能力和实力，可以同时应付几件事情。他们的思维和眼光较一般人要开阔一些，能够看得更远一些，他们常会有些深谋远虑的策略和想法。他们的兴趣相对要较宽、较广一些，所以他们懂很多别人不懂的东西。他们的创造力是很突出的，常会有一些惊人之举。

经常若无其事地掏出一大堆别人的名片的人，他们掏名片的目的不用任何说明就十分清楚了，这是他们显摆和夸耀自己的一种方式，希望他人能够对自己另眼相看。这一类型的人自我意识多比较强，往往以自我为中心，自以为是。他们的组织能力、社交能力比较强，具有不错的口才和充沛的精力，成功的几率还是比较大的。

不分时间、地点和场合，见到人就递自己的名片的人大多有十分强烈的表现欲望，他们喜欢把自己摆在一个相当显眼的位置上，让所有人都能看到。见人就发名片，正是他们这一性格的淋漓尽致地表露，他们把自己的名片很大程度上是当成了宣传单在使用。这一类型的人多有勃勃的野心，但他们很少轻易表露自己的这种心思，所以在一言一行上都显得小心翼翼，但若是细心观察，还是能够把什么都看得一清二楚的。

请客双方的不同心理

中国人把"吃"看得很重要，早上熟人见面第一句话十有八九就是"你吃了吗"。请客吃饭也是再平常不过的事情，请客的人可能是为了表示谢意，可能是有事相求，也可能纯粹是为了增进彼此的感情。每个人都希望自己拥有很好的经济条件来请客吃饭，因为只要自己有钱请客，就可以不必担心自己不如人。

生活中，有这样一种人特别爱请客，归根结底他们是想获得一种满足感。你会发觉实际上他当时根本没有请客的理由，明明可以大家分摊，但他就是喜欢付钱时拼命制止别人，而自掏腰包。这时若你坚持拒绝，他还会露出不高兴的神情，并责备说："你不让我请就是瞧不起我啊。"从对方的表情看来，他们真的是诚心诚意，似乎非常享受请客所带给他的满足感。

反观被请的一方，可能会有不同的心理。一种是心里不舒服。别人请客，自己不必付钱，固然也有好处，但是白吃别人的饭，很容易形成自卑感，反而不能痛快地享受。还有另一种被请人的心理，他们认为别人主动请客让自己快活是求之不得的，这种人大多都是不愿自掏腰包的吝啬鬼，而且请客的人也获得了满足，一举两得，何乐而不为？

后者的心理实际上从孩子与母亲的关系上也可以反映出来。人最早接触的人际关系，就是和自己母亲的关系，每个人小时候都有向母亲撒娇的经验，而这种依赖、撒娇的态度一旦融入到个人的性格之中，长大成人后在现实生活中也容易出现，有时就体现在让别人请客的满足感中。

我们再看喜欢请客的人，虽然他们实际上是把东西送给对方，但其心态和接受自己好意的对方是一样的，这与过度保护孩子的母亲的心理非常类似。

有的母亲把孩子看得像宝贝一样，可以无条件地为孩子做任何事情，这样的溺爱，表面看虽然辛苦，但其实母亲是利用这种行为来保护自己。因为母亲们自己小时候也有同样受人呵护的经验，这种经验会融入到自己的潜意识当中。因此，当了母亲后，就把孩子当做自己欲望冲动的对象。事实上母亲只是以过度保护孩子的方式来满足自己的欲望。

由此我们可了解，这样的母亲看似疼爱孩子，其实更爱自己，因为唯有如此才能使她神采奕奕，才能让她感觉到自己作为母亲的成就感和满足感，这种感觉对她至关重要。

另一方面，喜欢请客的人，表面看来虽然豪爽大方、古道热肠，但其实只是想给人留下自己爱结交朋友、慷慨大方、一掷千金的印象，他是为了让别人崇拜他。一旦别人真的对他的行为表现出赞赏，他的自我表现欲就满足了。

总体上来讲，喜欢请客的人和喜欢被人请客的人凑在一起，彼此就各得其乐、皆大欢喜了。即使你不喜欢平白无故地吃别人的饭，那么最好也不要表现出来，因为请客的人最看重自己的面子，他们不想被别人揭穿自己的心理。所以即使请客的人没有多少钱，但他却一定要请你吃饭，只要他们不是另有所求，你就不会有什么大的损失，那么不妨接受他们的好意。

点菜方式传达个人品性

心理学上称附和大众的行为为"附和行为"，而且每人都有附和大众的倾向，只是程度高低不同，在心理学上这种心理被定义为"从众心理"。

"从众"是一种比较普遍的行为现象和社会心理。一般的解释就是"随大流"、"人云亦云"；既然大家都这么想，我也就这么认为了；既然大家都这么做了，我也就跟着这样做好了。曾有一位心理学家做过一个实验：找出5名测验者，让他们一起看两张图，首先看第一幅图，接着再看第二幅，然后回答哪张图中的条线比较多。其实，测验者中只有一名真正的测试者，其他的都是事先安排好的陪测者，陪测者在回答问题的时候故意把答案说错，结果发现当陪测者回答完以后，受测者也同样回答错误，而当受测者单独一人回答的时候却可答对。通过此实验可测出受测者附和大众的心理程度。

通过单位聚会或者朋友相约去饭店吃饭的点餐行为，可以较清楚地了解一个人的从众心理究竟怎样。此种现象在3到4人的团体中最为明显。下面仔细观察几个动作：

立刻点菜。一般来讲，无论是与单位的同事，还是和朋友一起，立刻点菜的多是单位领导或朋友中比较有权威的人物。他们的权威性在此时是一个最佳的表现机会，假如他们不点菜，可能没有人会主动先点菜。而且，他们的带头作用不仅体现在点菜上，在工作与生活上遇到问题的时候，他们的领导能力也会彰显出来。

点异于同伴的食物。往往这种人表现出的"从众心理"就较少了，他们的附和性相比较而言也较低。这类人有自信、有主见，做事特立独行，不易受他人影响。就算自己点的菜并不是自己所喜欢的，但为了区别于他人，他们仍会故意为之。

最后点菜。一般最后点菜的人，多为担心被同伴抛弃、缺乏自信的人。他们不敢先于别人点，而又不敢不点，于是到了最后，他们只能是附和着大众，不得不点菜。这样他才能保持在大众团体中的一席之地。

心理学家告诫说，最好不要相信附和性高的人，假如落单的时候很有可能被这种人所抛弃。附和性低的人属于唯我独尊型，可安心与之交往，一旦有事情可以依赖，但组成队伍的时候，最好不予采取。当然，在生活中，我们要扬"从众"的积极面，避"从众"的消极面，努力培养和提高自己独立思考和明辨是非的能力。遇事和看待问题，既要慎重考虑多数人的意见和做法，也要有自己的思考和分析，从而使判断能够正确，并以此来决定自己的行动。凡事都"从众"或都"反从众"都是不可取的。

握杯姿势泄露内心秘密

有关专家测验发现，从一个人握杯子的习惯可以看出各种不同的行为方式，并从中强烈地反映出一个人的性格。

手持玻璃杯上方的人。这种人是不拘小节、乐天而大方的人。嗓门很大，喜欢边喝酒边谈天，目前正处于舒畅的状态中。

手持玻璃杯中央的人。这种人能很快地适应不同的环境，属于安全型人物，待人亲切。不会拒绝他人的请求，是个好好先生。有时心里虽不乐意，表面上仍会和颜悦色。

手持玻璃杯下方的人。这种人性格较内向，心思缜密，很在意小节。由于颇介意他人的想法，因而显得有点内向。特别是小指伸向外侧的人相当神经质。一般说来，情绪善变，一旦不高兴，马上就会表现在脸上和动作上，此种人对自己过分自信。

两手持杯的人。这种人性格内向，害羞，很少与人交往，孤僻，不善言辞，多为寂寞孤独的人。虽然也想与人快乐地交谈、打闹成一片，但总是难以办到。然而此种人"亲和的欲求"是很强的，有着强烈的与人接触的愿望，对异性的关心度也很强。

喝酒时会摇杯子的人。这种人性格外向，活泼大方，乐于接受各种新鲜事物，喜欢动，不喜欢安静。有多方面的兴趣，容易见异思迁，不喜欢在一家店、一张椅子上从头喝到结束。

一面拿杯子一面抽烟的人。这种人很有个性，自尊心强，极富有创新精神，对自己充满信心，在富有个性化的工作上可施展自己的实力。可是，在人际关系上却是很不顺利的，可说是独来独往型的人。

紧握住杯耳的人。这种人自我主张稍强，个性过于张扬，凡事爱赶在别人前面，喜欢引人注目，是个我行我素的人。

小指扬起的人。这种人性格内向，感情脆弱，有点儿神经质，是个拘泥小节、对周围人吝啬的人。

握杯时感觉像在抓某东西的人。这种人性格内向，思维敏捷，为人坦诚，爱助人为乐，非常活泼大方，能说会道，是个八面玲珑的人。但有时不免流于"轻浮"。

用小指、拇指或者是用两者来支撑杯子的人。这种人是具有艺术家气质的幻想家，然而常因不理会周围的意见而频频吃亏。

主动当介绍人的人爱表现自己

俗话说：在家靠父母，出门靠朋友。现如今，要想在社会上吃得开、过得好，除了要自己努力奋斗以外，朋友的作用也不容忽视，正所谓"朋友多了好办事"。但是，一个人的交际能力是有限的，我们认识的人通常不外乎同学、同事、亲人。要是只在一个地方生活的话，你的朋友圈就比较固定了，但是当你去外地出差办事的时候，两眼一抹黑，谁都不认识，这时候你就感觉到自己寸步难行了。

那么怎样才能结识更多的朋友呢？这就需要一个中介，就是我们通常所说的介绍人。通过介绍人，你就能认识更多的朋友，扩大自己的交际圈。因此，我们应该主动地去寻找这样的介绍人。但是并不是说所有的介绍人都比较靠谱，有些人非常主动当介绍人，比如，"听说你明天要到外地出差，那儿正好有很多我的好朋友，你只要向他们报上我的名字，保证你办事会很顺利。"你还未请他帮忙，这位老兄就主动请缨，从中介绍朋友给你认识，你是不是感到有些不妥？

如果你靠这位仁兄的介绍，得到当地朋友的特别照顾，同时借着这些人的面子和信用，的确能顺利地开展工作，甚至他们还尽到地主之谊，晚上带你四处游乐，那么这种人的好意实在不错。但大多数情形下都是你费尽九牛二虎之力按地址找到了其人，情况却与预期的不同。

其中原因可能是因为被推荐人并不像介绍人所说的可以信赖，而且实际上他们两人也没什么特别亲密的关系。这样的情况下，你贸然造访，还想着寻求帮助，人家又不认识你，并且跟你的推荐人没什么亲密关系，这样的情况下你得到冷淡的待遇是不足为奇的。

如果你是第一次到国外的话，这个介绍人想发挥自己影响力的欲望也就更强烈，所以我们可听到他说："喂！你这次是不是要到纽约？你可以拿我的介绍信去拜访这个人，或者你到了东京去找这个人……"如此一一介绍。乍听起来，你觉得自己非常幸运，一出国门就能找到这么多可以帮助自己的人，于是你对介绍人感恩戴德。

　　可是当你拿着那封信拜访被推荐人时，你可能根本找不到那个人，或者找到了却吃了闭门羹，不但自己的期待幻灭，对方也许根本不知道介绍人为何许人。这时候，你绝对会埋怨当初的介绍人，既然这么没有把握，为什么还表现得这么热心？

　　这种人，为什么如此热衷于帮别人介绍朋友呢？

　　这种主动介绍朋友的人一般都比较爱管闲事，他们可以通过为人介绍这一行为来满足自己凡事都要参与的欲望。

　　你可能会想他们也是出于好意，体念朋友人生地疏，多认识个朋友就会在外地顺顺利利。假如真的是这样的话，也就不会出现那种被冷遇的状况了。因为他们既然要替人介绍，至少应该知道必须对当事人双方负责任。

　　这些介绍人表面上看来似乎很乐意帮助别人，本着"助人为快乐之本"之心，事实上他们是向朋友表示他有不少知心好友，他很有能力，朋友遍天下。但实际上无法发觉自己并未尽到介绍人的责任，只是以此炫耀自己而已。

　　喜欢替人介绍的人，他们并不是真心替被推荐人或第三者考虑，而是希望表现自己的能力，让别人羡慕自己交友广泛。这种自我表现欲对他而言没什么损害，但是对真正需要帮助的人来讲却是一件让人郁闷的事情。

从酒后行为看出对方性格

交际场合，喝酒是不可避免的，有些人一喝酒即判若两人，有些人则依然故我。常见的是话多、吵闹。仔细观察醉酒百态是非常有趣的事情。一个人若能事先掌握住自己的酒癖，就可以更加理解自己是个什么样的人。为让他人理解自己，也有必要事先掌握自己的酒癖。

喝了酒老是喜欢喋喋不休、"吃吃"地傻笑的人。这种人性格内向，平时沉默寡言、彬彬有礼，一旦喝了酒就喋喋不休，不时露出真感情的话。这种人平时的人际关系一定是处于紧张的状态中。这种类型的人，一般大多数都具有韧性，一丝不苟，重视秩序，对于长辈必定是采取毕恭毕敬的态度。对于其他人也是很认真的，决不会开玩笑，总之，是个"正经八百"的人。但是，这种类型人的精神压力比较大，因此会借酒来发泄其精神压力。

如果反过来说，此类型的人不是借酒来发泄的话，压力就会积蓄在身体内。因此，当知道喝了酒就有喋喋不休的毛病的时候，就尽量地不要一个劲儿地工作，需培养些轻松的兴趣，平时要让自己过得乐观点。

沉默不言的人。这种人性格外向，平日很活泼，很具行动力，是受大家信赖的人物。一旦喝了酒，反而会很安静、很沉默的话，表示其强烈地想扫除自己的判断，才会有这样的行动。在其心底深处，有着"现在我觉得一切还算顺利，但如果我就任此下去的话，难道就不会出问题？以后的情况我也许无法把握得住"的不安，而其心中的迷惘就会借酒发泄出来。

到处活动、猛敲猛打、动作很大的人。这种人，性格刚烈，反抗心极强，有强烈的欲求不满或强烈的自卑感。这样的人不喜欢配合他人采取行动，假如强要他们配合他人来行动，就会出现一定的挫折感，而他们就会借酒来发泄此挫折感，比如，摔杯子、摔椅子，等等。他们常常会做出让周围人吃惊的事情，需加强注意。

喝了酒爱触摸异性身体的人。这种人比较有城府、有心计，爱想入非非，见异思迁，爱发牢骚，此种人因不满于无法以"心"和异性接触，遂用"物理性的接触"来填补其空虚。当对性事感到衰弱，或自己的欲望无法适当地发泄，或在金钱方面、工作方面不顺自己的意时，即心中有不平、不满时，多会做出此种举动。

醉了就会哭的人。这种人性格内向，感情炽烈，待人接物放不开，常常压抑自己。既是个热情家，也是个浪漫主义者。具有强烈的自我，过分压抑自己强烈的感情。

喝了酒爱唱歌的人。这种人性格开朗活泼、自信，很有活力，极富冒险精神，随和。既有社交性又喜欢照顾人，是把工作和私生活分得很清楚的人。此种人很有发展前途，很值得信赖且不惧失败。是会把自己的技术和个性发挥在工作上的人。但如果是属于在卡拉 OK 厅里拿到麦克风就不交给他人的类型的话，就另当别论了，这种人多是有着精神压力的"任性中年人"。

喝了酒喜欢跟人吵架的人。这种人性格外向，刚直，疾恶如仇，有情有义，爱打抱不平，乐于交各种朋友，喜欢帮助弱者。可以说是个具有强韧行动力的热血汉子型人物。

喝了酒呼呼大睡的人。这种人性格内向、意志薄弱，心思比较缜密，优柔寡断，待人接物很放不开，没有主心骨，依赖性强，没有创新的激情。可能是因为白天把太多精力花在注意周围的缘故吧。

喝酒时老劝他人的人。这种人性格外向，善于交际，虚荣心强，希望对方和自己是相等的，属于保守且防卫本能强的类型。若是热心地劝异性（尤其是女性）喝酒，则是对异性有强烈的憧憬和具有支配欲的人。不会把自己的想法强迫给他人，而会尊重对方的立场，是思想很具弹性、很体贴的人。

喝酒时不断喊"干杯"的人。这种人性情冷漠，颇有心计，十分注意自身的仪表。看他的样子好像很懂事，其实却很固执，看起来很和蔼可亲，其实性格很冷淡的人多有此种酒癖。

喝得再多也跟平时一样的人。这种人性格内向，很有城府，谨慎认真，不太爱暴露出自己的缺点，因而有比他人强一倍的警戒心。总之，可以确定的是，此种人皆具有"小心翼翼"的性格。

喝到可能醉酒时就不喝了的人。这种人性格随和，心地善良，待人真诚，为人处世极有分寸，很会处理各种人际关系。他们喝酒决不是为了一解口瘾，而是借着喝酒营造很愉快的气氛，这种类型的人富有协调心，在团体中最擅长赢得众人的协助。

有特殊酒癖的人。这种人性格具有双重性，有时过于内向，有时又过于外向，有着很独特的性格。

微笑的多种含义

在笑的范畴之内，人们最为推崇的就是"微笑"。

波拿多·奥巴斯朵丽在《如何消除内心的恐惧》一书中说："你向对方微笑，对方也报以微笑，他用微笑告诉你：你让他体验到了幸福感。"

由于你向别人微笑，使对方感到自己是一个受大家欢迎的人，因此，他也会向你报以微笑。换句话说，你的微笑使你感到了自己的价值地位。

由此，有人把微笑这一"体语"比喻为交际中的"通用货币"，每个人都能付出，同时每个人也能够接受。

那么，怎样才能更好地辨别微笑这一"交际货币"的真伪呢？

专门从事微笑研究的科学家一语道破了其中的奥秘：虚伪的微笑存在两大无可掩饰的"秘密"。

首先，真实的微笑应包括两组肌肉的运动，一组是将嘴角往上牵动的颧骨肌；另一组是环绕眼睛的括约肌。因大部分人不能自觉地牵动这些眼部的肌肉，由此可以判断出，假笑者只能牵动嘴角，眼睛却是无动于衷的。

其次，"秘密"是假笑的人笑脸出现不对称的现象。一般而言，假如他是一个左撇子，则他的右半脸非常强烈，而假如他不是左撇子，那么他的左半脸会做戏。

实际上，在婴儿时期，真笑和假笑就表演得清清楚楚了，一个 5 个月的婴儿就能用两组肌肉群对他的母亲发出会心的微笑，但对一个完全陌生的人却只运用颧骨肌微笑了。

复杂而多样化的微笑，就蕴藏着许多性格特征，其中意味深长的众多的信息，值得我们去加以探索。

感到悲哀的清冷笑容可以从外向型人的脸孔看到。比如，外向型中最认真的"执著性格"之人，当努力变成泡影、遭遇挫折的时候，他们就会垂下双肩幽幽地笑起来，这时的他们已经进入"忧郁状态"。在这种场合中，他们将与内向型的人一样陷入自闭的境地，即使连笑容也显得非常的卑微。

总的来说，一个人喜怒哀乐的感情动向，会很自然地展现于脸上。

大体上来讲，性格外向的人以爽快而明朗的心态居多，因此，时常面带笑容，即使别人感到悲伤时，他也会满面笑容地安慰对方。

虽说内向型的人很少有笑容，但是，他们还是有自然发笑的时候；但那是很脆弱而缺乏自信的笑，是类似于自嘲，又有点像自虐的笑容；同时也是一种缺乏生气、仿佛看透了某种东西似的、对人生感到很疲惫的笑。

性格外向的人很容易跟他人打成一片，所以，他们能够配合绝佳的时机附和着对方的喜怒哀乐。正因为他们不隐藏真实的感情，率直地表现出自己的内心活动，表情自然就会很丰富。只要看他的脸孔，就不难知道他的心态，因此，很容易为他人所理解，同时，他也是一种很好相处的人。

除了微笑之外，还有以下几种笑的方式：

普通的笑。这一类笑很平常，不特殊，不会太大声，显示这个人喜欢群众。这表示说："你很努力但不争功，你有一定的耐性，心地好而又可靠，是一位非常值得交的朋友。"

轻蔑的笑。笑的时候鼻子朝天，神情轻蔑，常常是人在笑而他不笑，或只略笑几声。这表示说："你看不起任何一个人，其实这是自卑感在作怪，要把他人压低而抬高自己，你不会有很多朋友。"

偷笑。这是很低的笑声，时间也不长，有时别人未必能够听得到。这表示说："你经常看到一件事情有趣的一面，而他人未必能够看得到，他人喜欢你，因为你很容易相处。"

鼻笑。就是从鼻子里哼出来的笑，因为要忍住笑，便忍进了鼻子。这表示说："你倾向忍笑显示你为人害羞，不想让别人注意到，同时你也是很谦虚、体贴的，喜欢按本分去办事，你很重视别人对自己的感觉，而别人也会喜欢上你的细心。"

紧张的笑。笑时慌张，忽然停止，看看别人继续笑，自己也就跟着笑。这也是缺乏自信心、自卑的表现，笑也怕笑得不是地方，怕人笑自己笑。应改变一下自己，用不着太担心别人对自己的看法，人是有权利笑的，即使别人不觉得好笑，你也有权觉得好笑！

此外，有一种人一笑就掩口，这也是因为他们有自卑感。

总之，无论是哪一种笑，它的背后都有极高的含金量，由笑的不同方式而识别一个人的内心动态，是最省事、最直接的方法。

笑的方式有好多种，性格外向人的爽朗笑容是属于单纯而明快的类型，至于内向型的人，他们笑容则相当复杂，而且以不明确者居多。

尤为明显的要属假笑，他的脸看似在笑，但是他的眼睛却没有笑，心中也丝毫没有笑的迹象，好似戴着假面具的笑。这类的笑还有：对自我、对他人嘲笑式的笑容，令人莫名其妙的笑，空笑，以及充满谵妄意味的笑。总而言之，这是一种缺乏内容的笑容，有时笑声高而尖锐，有时则是吃吃地笑，音量低得叫人几乎听不到声音，一言以蔽之，那是孤独而冷漠的笑容。

每当大家很快乐地笑成一片的时候，内向型的人几乎都会发出这样的空笑，那并不是附和周围人的笑声，而是对人际关系感到不安时，为了掩饰自己心中的紧张，不得已才勉强挤出来的笑容。

与外向型的人比起来，内向型人的笑容比较少。即使他们有任何的喜事，他们也认为不必要让没关系的人知道，甚至可以说，他们具有一种隐藏自我的防卫意识。

察 其 态

要想成为真正的阅人高手，除了在交际场合多观察之外，还要从他人平日里的习惯和兴趣爱好入手。一个人的习惯是后天形成的，有什么样的习惯就会有什么样的性格；兴趣爱好则是一个人内心的自然流露，是不带任何掩饰的。这是一个人最真实的状态，是一个人性格的最佳表现方式，只要我们留意观察，看看他日常有哪些习惯，都爱好些什么，我们就能拨云见日，识得他的庐山真面目。

第五章　细节之中察人的潜意识

开车习惯与人的性格

一个人控制汽车的方式和控制自己的方式有许多相似之处。如果把车子视为一个人肢体的延伸，那么开车的方式也就是肢体语言的机械化身。一个人在方向盘后的举动，体现出了他每天的心情与态度。

按规定速度开车的人。车对他们而言只是一种代步的工具，他们开车的目的并不是为了寻找某种刺激，所以他们能够心态平和地以正常的速度开车。这一类型的人比较传统和保守，他们在为人处世中大多采取中庸的态度，即使有很大的胜算也不会冒险。他们遵纪守法，从来不做出格的事。他们为人诚实可信，不马马虎虎，所以会与他人建立良好的人际关系。

行车速度比规定速度慢。这种人坐在方向盘后面会觉得害怕，觉得自己无法操纵一切。他们总是避免把东西放在自己手里，只要有人授权给他们，他们立刻把权限缩至最小。他们忌妒别人不断超越自己，而胆小怕事的个性也令自己的家人朋友失望。

在通常情况下，这一类型的人的忌妒心也是很强烈的，他们忌妒或是嫉恨那些超越自己的人。他们想奋起直追，可又常常跨越不出自我的樊篱。同时，他们对自己缺乏足够的自信，总是觉得什么也把握不住。他们在渴望的同时又在极力避免任何东西放在自己的手里，一旦有某些东西，诸如权力和金钱等掌握在自己手里，他们就会将其威力减弱到最小程度。

超速行驶的人。这种人不会受制于任何人，很积极向上，而且憎恨权势。多自主意识比较强，他们讨厌任何一个人为自己立下一定的规矩，并且也不允许有人这样做，如果有人企图这样做的话，他们可能就会采取相当极端甚至是非常危险的方式来进行阻止，以维护自己。他们对生活的态度是积极、乐观和向上的。他们对名利看得相当淡泊，只是随心所欲，自己活得快乐就好。

习惯坐后座的人。由他人驾车，自己习惯于坐在后座上的人，一般来讲，他们的取胜欲望是相当强烈的，从来不愿意自己输给他人。他人的成就对他们来说是一种威胁，他们害怕自己会失败，所以会严格要求自己成功。正是在这种激励之下，他们才会不断地前进。他们的自信心很强，而且有良好的自我感觉，并不断地寻找机会以证明自己的重要性。他们希望他人对自己有强烈的依赖性，凡事都来征求一下自己的意见。

开车大声按喇叭的人。遇到红灯或是堵车等情况，大声地按喇叭，这一类型的人，大多是外向型的，脾气暴躁、易怒，在现实生活中，遇到不如意的事情，他们会经常尖叫、大喊、发脾气。他们随机应变的能力并不是很强，尤其是在挫折和困难面前往往不知所措。他们自信心不强，周围人对他们而言常常是巨大的威胁。他们很少有心平气和的时候，总是显得焦虑和不安，而这种情绪的产生可能并没有什么原因或是理由。他们做事效率低，自身的能力也不突出，看不到他有什么样的成就，但却总是显得匆匆忙忙的。

开车不换挡的人。他们大多不希望自己的一切被他人安排得好好的，他们更热衷于自己独立去探索一条完全属于自己的道路来走，哪怕在这条路上到处都有坎坷不平，他们也毫不在乎。他们不会轻易地向别人请教，而是喜欢凭自己的感觉做事，与此相反，他们会时常给别人一些指教。他们具有一定的责任心，任何一件事情都能够尽职尽责。

只要绿灯一亮，就抢先往前冲。这一类型的人多头脑比较灵活，反应比较敏捷，随机应变的能力强。他们习惯于凡事抢先一步行动，这从某种程度上为他们的成功创造了许多机会。他们对成功的渴望往往要比其他人更强烈一些，他们有较强的竞争意识，生活态度也比较积极，但由于经验的不足，也会时常跌倒。

绿灯亮后最后发动车。绿灯亮后最后一个发动车子的人，在他们的性格中，冷静、沉稳的成分比较多。他们在为人处世等方面都是比较小心和谨慎的，总是要等到具有一定的把握以后才会行动。他们追求的最终目的是安全有保障，给自己带来的损失越小越好，他们为了保护自己，很懂得收敛，从来不会表现得锋芒毕露，这样可以避免被人拒绝或是被人伤害。

不学开车的人。从来不开车的人多自主意识不强烈，他们的依赖性比较强，缺乏足够的安全感，时常会陷入到一种孤独、无助的境况里。他们多有较强的自卑感，时常进行自我否定，习惯于被人领导，而不是领导他人。他们缺乏积极的冒险精神，乐于跟在他人后边做事，这样可以逃避许多责任，出了差错，自己也不会有太大的损失。基于这一点，他们不会取得巨大的成就。他们很在乎他人对自己的评价，这几乎完全控制着他们的一举一动、一言一行。

永远没有驾照的人。开车但没有驾照的人在很多时候喜欢对他人指手画脚，但又总不能完整地表达自己的意图，最后做出来的结果，与想象的存在着很大的差距。他们希望自己的生活时刻充满足够的刺激，他们会不断地创造这样的机会。这一类型的人并不能称得上是十足的行动主义者，常常说得天花乱坠，但自我表现却充满了消极的色彩。他们是想赢但却怕输的性格。

涂写透露一个人的想法

或许我们每个人都有这样的经历：工作无聊时在一张纸或是其他的什么东西上随便地涂涂写写。有心理学家指出，这种无意的乱涂乱写，往往能显示出一个人的性格来。因为人内心的真实感觉，正是通过涂写这个过程显露出来的。

喜欢画圆形的人，做事大多有一定的规划和设计，喜欢按照事先的准备行事。他们多有很强的创造力和很丰富的想象力。

喜欢画三角形的人，理解能力和逻辑思维能力多比较强。在绝大多数时候能够保持头脑清醒，思路清晰，有很好的判断力和决断力，但缺乏耐性，容易急躁、发脾气。

喜欢画多层折线的人，多分析能力比较强，而且思维敏捷，反应速度快。

喜欢画单式折线的人，因为单式折线代表内心不安，所以喜欢画单式折线的人在很多时候都处在一种相对紧张的状态之中，情绪不稳定，时好时坏，让人难以琢磨。

喜欢画连续性环形图案的人，多能够将心比心，站在别人的立场上为别人着想。他们在大多数情况下都对生活充满了信心，而且适应能力很强，无论什么样的环境都能很快地融入其中。他们对现状感到满足。

喜欢在一个方格内胡乱涂画不规则线条的人，说明他的情绪低落，心理压力很重，但不会产生悲观厌世的想法，对人生还抱有很大的希望，并会寻找办法解脱自己，朝积极向上的方向努力。

喜欢在小格子中画上交错混乱线条的人。有恒心有毅力，做什么事情都有一股不达目的誓不罢休的劲头。

喜欢画波浪形曲线的人个性随和，而且富有弹性，适应能力很强。善于自我安慰，遇事愿意往好的方面想。

喜欢画不定形但棱角分明图形的人，多竞争意识比较强，争强好胜，总是希望自己能够胜人一筹，而事实上，他们也在不断地为此而努力，并且可以做出巨大的付出和牺牲。

喜欢画不规则曲线和圆形图形的人心胸多比较开阔，心态也比较平和，对环境的适应能力很强，但有点玩世不恭。

喜欢画尖角的图案或紊乱的平行线的人。表明他的内心总是被愤怒和沮丧充斥着。

喜欢在格子中间画人像的人朋友很多，但敌人也不少。

喜欢写字句的人。多是知识分子，想象力比较丰富，但常生活在想象当中，有点不切合实际。

喜欢画眼睛的人，其性格中多疑的成分占了很大的比例。这一类型的人有比较浓厚的怀旧心理。

喜欢涂写对称图形的人做事多比较小心谨慎，而且遵循一定的计划和规则。

像云一样的弯曲造型，又像风扇和羽毛，喜欢顺手涂写这些东西的人对新鲜事物的接受能力往往是很强的，而且也具有很好的适应能力。曲线一条包含着另一条，表示他们对周围人是相当敏感的。在遭遇挫折和磨难的时候，他们多能够保持相对的冷静，积极寻找解决的办法，而不是不加思考，贸然动手。而且这一类型的人时常会沉浸在某种幻想当中，有一点不切合实际。

小而短的线，尤其是周围有一大片空白，这些线不是相互平行，就是成直角排列。喜欢顺手画这些东西的人多是性格比较内向的。他们对这个社会和自己所处的环境充满了恐惧感，总是想方设法地逃避。他们可能也很聪明和智慧，但通常不会有什么好的想法和创意，因为他们总是被一些无形的东西局限了正常的思维和思考，从而使得自己无法进行突破和超越。至于那些使他们受到局限的东西很大程度上完全是他们强加到自己身上的。

喜欢画三维空间的正方体、三棱锥、球体等几何图形的人，他们多比较深沉和稳重，比较现实和实际，性格弹性很大，在大多数时候能够做到收放自如。在面对不同的情况时，他们能够及时地调整自己。他们善于将比较抽象的东西变成具体化、通俗易懂的内容。他们多有很好的经济头脑，是一块做生意的好料。与人沟通能力也比较强。

习惯于画有角、两度空间的四方形、三角形、五边形等几何图形的人，他们多具有十分严密的逻辑性，而且是善于思考的。他们的组织能力相当强，但有时也会让人产生错觉，认为他们太过于执著自己的信念。他们对那些想改变自己或否定自己意见、看法的人简直无法容忍。他们在为人处世等方面多少有一些保守，但在面对各种事物时多能够做到胸有成竹，知道自己该做些什么，怎样做。

习惯画轮船、火车和飞机的人。从所画图形的表面上来理解，他们好像是旅行爱好者，希望把各旅游景点全部都看完，可事实上，他们这是在发泄自己的愤怒和挫折感。他们时常会失去希望而陷入到迷茫当中，并且在挫折和困难面前表现得很消极。自信心并不强，对自己也不抱有什么希望，而总是把希望寄托在别人身上。

习惯画一些有趣的线条、圆圈或其他的图形。这一类型的人大多是极富有创造力的，对于很多未知的领域他们都有相当浓厚的兴趣，并打算进行尝试。对他们来说，没有什么事情是绝对的，他们时常自相矛盾，一个问题，或许会有很多种不同的答案。在生活中，他们时常会把自己弄得筋疲力尽，可到最后却还是无法理出一个完好的头绪。他们具有一定的才华，很博学，但却没有几样是非常精通的。

不断地画同一个图形的人大多数具有很强的获知欲。一般而言，这一类型的人的希望变成现实的机会比较大，因为他们有股不屈不挠的精神，一旦确定下了目标，就不会轻易地改变。他们在遭遇挫折时有时候可能也会失望，但绝对不会轻易地放弃，他们会以最快的速度调整自己的心情，再去争取。他们有野心也有干劲，不管在什么时候都知道自己在做些什么。

不断地练习各种新鲜的字体，写着自己的名字。这一类型的人自我表现欲望是非常强烈的，可能会为此做出一些让人无法接受的事情来。他们会常常感到迷茫和无助，不知道自己该做些什么、不该做些什么。他们不断地重复写自己的名字，是一种潜意识的不断的自我肯定，目的是克服目前困扰自己的某种情绪。

喜欢画各种不同面孔的人，大多是借画画的过程来发泄自身内心的某种情绪。喜欢画一张笑脸的人一般多是知足常乐者；皱着眉头的则恰恰相反，或许是永远也不会感到满足；苦瓜脸或是扭曲变形的脸，多代表他们的内心是十分痛苦和混乱不堪的；大眼睛则代表他们的生活态度十分的乐观；一脸茫然，用一个平凡的点代表眼睛，或是一条直线代表嘴巴，则表示心里有疏离感。

喜欢画花草树木以及田园景象的人，大多是性情温和而又十分敏感的人。他们对形状和颜色常常具有比其他人都突出的鉴赏力。这一类型的人多在文学、艺术等方面具有相当的才华与成就。他们淡泊名利，与世无争，向往安静平和的生活。

生活琐事也能看人

生活中总是存在着这样那样种类繁多的杂事，它们有时候会给人带来许多的烦恼，甚至破坏人与人之间的感情，但这是生活中不可避免的。当然我们还可以通过琐事看准一个人。

喜欢打电话的人。大多是性格比较外向、健谈、乐于与人交往的。他们做事比较干脆利落，不会占用做其他事情的时间和精力来做这一件事情。这一类型的人往往智慧不足，他们时常需要他人帮自己出主意。在面对一些比较重大的事情时，非常希望得到他人的鼓励和支持，才有勇气作出决定。

喜欢打扫房间的人。希望自己的生活每一天都过得充实、有意义。他们对自己的要求往往非常严格，绝对不容许自己放纵或偷懒，他们的生活节奏相当快，一件事紧接着一件，似乎永远也没有做完的时候，但他们又能把这一切安排得恰到好处，而不至于显得混乱不堪。

喜爱阅读的人多比较认真和仔细，一件事情，决定要做，就会集中精力、专心致志地把它做好。他们很有组织纪律观念，对一些纪律要求会主动认真地遵守。随机应变能力比较强，一件事情，可能在做的过程中会出现一些不尽如人意的地方，但最后还是会顺利地完成。

喜欢吃零食的人多意志不坚定，时常进行自我妥协，并且不断地找理由和借口安慰自己。

喜欢睡觉的人从某种程度上讲比较软弱，缺乏积极主动性，不想先改变自己然后再改变自己所处的境况，而是把希望寄托在外界，只有在外界环境改变以后，自己才能寻求改变。他们非常善于寻找理由和借口为自己开脱，以推卸责任。

喜欢看电视的人多是比较不切合实际、富于幻想的人，他们的绝大多数时间都是在白日梦中度过的，总是有着各种各样的美好的想象，但却不肯付诸行动去实现。

什么事都要做，整天忙得团团转的人。他们的心思多较缜密，常会观察到他人忽略的细节。他们对他人并不会轻易相信，什么事情，只有自己亲自做了，才会觉得放心，所以他们会成为许多人依赖的对象。他们有很强的责任心，总是为他人操心而忽略了自己。

从不同的电话式样了解对方

通讯技术以日新月异的速度发展着，通讯工具变得越来越方便和先进。几乎每个家庭都装有电话，电话可以使人与外界进行更好地沟通和交流。一个人使用什么样的电话，在一定程度上表现出他在与人沟通时所采取的一种普遍态度，通过电话的类型，可以看出一个人的性格中友善、谨慎的成分有多大，对人是充满爱意还是心怀鬼胎等情绪。

喜欢壁式电话的人多具有较充沛的精力，他们可以在同一时间内同时做几件事情，而且这几件事情都能做得很好。他们多具有很强的社交能力，所以结识了很多不错的朋友，营造出了良好的人际关系。他们在与人交往方面要花费很大一部分的时间和精力，但这并不影响他们对家庭所负的责任和义务，他们能够做到两者兼备。

使用的是标准黑色电话的人，他们的生活多很节俭，从来不会乱花一分钱。他们对人有一定的戒备心理，并不会轻易地就相信谁，即使给予他人关心和帮助，也会在证实对方确实需要自己的关心和帮助之后才会给予。他们说话做事干脆、果断，说到做到，拿得起也放得下，从不拖泥带水，而且在任何情况面前都能保持冷静。他们不太在乎自己的穿着打扮，多以朴素的装扮示人。

公主型的电话是那些有很多浪漫情感的人所喜欢的。这一类型的人大多小时候娇生惯养，所以在长大以后会比较任性。他们多有较强的虚荣心，喜欢被好听的话和漂亮的东西包围着，而且还好做白日梦，生活有些不切合实际。但他们对生活的态度还是比较积极和乐观的，活得比较快乐，并且能把自己的快乐传递给他人，让他人也快乐起来。他们的思维多比较单纯。

选择能够记录下电话号码，然后自动拨号型电话的人，他们多有比较强的依赖心理，总是希望有人能够帮助自己解决一些问题。他们在面对压力的时候，常常会有退缩的念头产生。他们的生活总是显得特别忙碌，虽然十分珍惜时间，但到最后却往往见不到什么成效。

选择扩音器电话的人，他们多希望自己生活的空间是相当自由和开阔的。狭小或是密闭型的地方，总会让他们感到非常紧张。他们在很多时候会保持积极和乐观的生活态度，而且脾气很好，从来不会轻易动怒，对他人也具有一定的宽容力和忍耐力。

按不同的键会有不同的电子音符奏出不同的音乐。喜欢这种类型电话的人多是易冲动、脾气较暴躁、没有多少耐性的人。

喜欢样式奇特电话的人。该类型的人，在很多时候、很多方面都会显得与这个社会整体格格不入，他们言谈举止显得非常古怪和唐突，常常让人感觉无法接受。但是他们却较富有同情心，乐于与人交往。在紧急时刻，应变能力也比较强。

选择无绳电话的人多自主意识比较强，从来不希望被任何一件事情捆绑住手脚，这样他们就可以自由自在、随心所欲地想干什么就干什么。他们似乎永远都没有安静下来的时候，总是忙忙碌碌的。但是他们很聪明，懂得怎样才能不使自己招惹上是非。

选择隐藏式电话的人多比较冷淡和漠然，并不希望与他人有过多的接触，他们不想让他人真正地走近和了解自己，所以在通常情况下都会隐藏自己的真情实感，而把一个虚假的自己呈现在他人面前。

然而，恰恰是他们这种对一切都漠不关心的态度会吸引很多人的注意力，成为一个焦点人物，他们很孤独，没有归属感。

平时的言行体现人的性格

我们要完完全全地认识一个人，只听他说出的话是远远不够的，因为他的话可能是真也可能是假，还有可能半真半假。

在日常生活当中，人们仅仅依靠一张嘴是很难完成交际沟通的，以及真实全面地传达出自己的感情，于是采用了一些辅助手段。手舞足蹈说的是人高兴时的手足动作，抓耳挠腮说的是人着急时候的样子，张牙舞爪说的是人凶恶的表现……从中不难看出人的身体动作可以作为表达情感的辅助工具，也可以从中窥探出一个人的性格特征。所以要想深入了解周围人的真情实感，可以从细心留意他们的一举一动入手。

东拉西扯、频频打断别人话题的人。这种人倾向于冒进，欠缺稳重，给人一种毛头小子的感觉，很少有人会和他们长时间地交流，更别提促膝而谈，所以他们很少有真正的朋友和可以依靠的人。除非有求于他们，但必须提防的是他们做事往往虎头蛇尾，雷声大，雨点小，所以千万不要把全部的希望都寄托到他们身上，否则定会吃大亏。

习惯性点头的人。这种人比较关心他人和体贴别人，知道给予配合的重要性。及时表达自己的认同，可以使说话者增强自信和对谈论话题深入思考，并得以充分发挥，有利于找出最好的解决问题的方法，于人于己都有好处。在日常生活与工作中，他们同时也是愿意向他人伸出援助之手的人，能够尊重别人的弱点，在力所能及的范围内寻求到解决的方案，具有热心助人的性格特征。能够聆听别人全部的说话内容，并给予认真的思考回答，让说话者会有被认可的感受，因此，会认可和欣赏他们，把他们当成可以深交的伙伴。他们也是一些乐于交朋友的人，这不仅表现在能够给予朋友力所能及的帮助，而且还在内心深处关怀和体贴朋友，处处为朋友着想，时时想着为他们排忧解难，随时准备帮助朋友，最为难得的是经常在尚未得到别人请求协助的时候便伸出了援手。

心不在焉的人。这种人属于精神涣散者。他不重视谈话过程，自然不会在意谈话内容，即使用心听了，那也是粗枝大叶、丢三落四。这种结果的外在表现是他们办事容易拖拉，一延再延，因为他们根本就不知道对方让自己做什么，而且得过且过；如果目标已经明确，条件也具备和成熟，他们却又往往无法把精力集中起来，或是一心二用，或是驰心旁骛，接到手中的任务往往不了了之，毫无责任感，终生难有所成就。

喜欢凝视别人的人。凝视是一种意志力坚定的表现，他们常常不用过多的言语与动作就已显得咄咄逼人了，而且不管是男是女，都表明他或她现在是充满力量的强者。假如眼光真的可以杀人的话，他们的凝视肯定可以成为致命的武器，因为与这种目光接触，难免会有受到攻击的恐慌。实际上，大多数人之所以凝视他人，只是为了想看穿对方的性格而已，并无实际攻击意图。

乐于与别人目光接触的人。无疑是主动向对方展示自己的内心，表明既希望能够深入了解对方，也为对方了解自己敞开了大门。他们充满了自信和直爽，从不怀疑自己的动作会给他人带来不愉快。他们懂得为他人着想，所以做事专心，尽量满足大家的要求，希望做出好的成绩让公众认可自己、接纳自己；懂得礼貌在交际中的作用，能够把握分寸，非常适合需要面对面进行交流的工作。

趁人不注意窥视他人的人。这种人属于心术不正类型。自身根本就没有什么特长或惊人之处，但却总是想着能够"不鸣则已，一鸣惊人"。他们不知如何才能实现这个愿望，而现实当中又很少有人愿意理会这些空想家，结果使他们的自尊心受到很大的伤害。为了实现自己的白日梦，向世人证明自己的存在价值，他们学会了工于心计，善使机关。

坐立不安、精力充沛的人。这种人给人一种事业型的感觉，而他们也正是按照事业类型打造自己的。由于身边的工作机会很多，为了早日实现自己的目标，他们不允许自己错过任何机会，积极投入身边的所有事情当中，忙完这个忙那个，放下一头又抓起另一头，结果心急吃不了热豆腐，疲于奔命，造成极度的紧张，无法专心致志于分内工作，得不偿失。

动作夸张的人。哪怕是鸡毛蒜皮的小事，他们也要蹿上蹿下，扰得周围的人不得安宁。但他们的本质是好的，并不是存心想要别人不舒服，之所以会这样，其实是按捺不住热情和好强，认为光靠言语不足以表达心中炽热的感情，所以必须加进一些夸张的动作来表达自己的内心想法，以引起他人的注意和进行思考。可是在他们的内心深处，通常存在着极度的敏感和不安，他们无法确定自己的这种方式能否被被人认可和喜欢。

刷牙体现不同的生活态度

一个人刷牙的模样和方式，通常是由父母教导的。因此，在刷牙时所做出的许多无意识的动作正反映出他的人生态度。

上下刷。这表示，他有很好的自我形象，而且保有幼年时代学到的许多积极的价值观和道德观。事实上，他和父母之间的良好关系，成为他个人工作上成功的主因。他擅长以一种非常不受限制的乐观态度去从事例行工作。在别人眼里，他是一位可以信赖、友善、快活的人，没有什么心机。

左右刷。他早就知道这样刷是错误的。那为什么有人要用错误的方法刷牙呢？可能是因为这些人在成长过程中，曾和父母亲有过严重的冲突。问题出在他目前仍在叛逆期，他总是唱反调，别人也发现他喜欢争辩，尤其爱争些鸡毛蒜皮的琐事。

只在清晨刷牙的人。他很在意自己留给别人的印象，而且可能会非常努力地依照别人的期望过日子。大体来讲，他十分讲究自己的穿着，很懂得修饰自己，总是把最好的一面呈现在别人面前。每天早晨以精力充沛的崭新心情面对一切，是他心目中不可或缺的一部分。不过在潜意识里，他正设法把前一晚的自己清洗干净。

只在晚上刷一次牙的人。如果他只在晚上刷牙，那说明他只在乎一件事情：不要蛀牙。他是个从来不说废话的人，喜欢以最少的精力来完成一件事，事情不必做得很完美，只要差不多即可。他通常说话算话，不多说，也不少说。

每天刷牙的次数超过3次。这样的行为是被迫的，由于长期缺乏安全感，就连最简单的工作，他也要一而再、再而三地检查来检查去。在每次外出赴约前，他可能会花上3个小时梳妆打扮，却仍旧认为自己不够好看。同一件事情，他一次又一次地请求别人帮他出主意，许多朋友都快被他逼疯了。

使用硬毛牙刷。使用一支会使他出血的牙刷，透露出他有一种需要接受惩罚的基本需求。基本上他相信，所有值得的事物，都必须付出痛苦和牺牲才能得到。甚至去看牙医时，他也请医师不要使用麻醉剂，因为他想证明自己可以忍受拔牙的痛楚。

用很少牙膏刷牙的人。没有人会责怪他挥霍无度。他很节俭，找到廉价、特价商品是他毕生最大的兴趣。他讨厌丢掉仍可以用的东西，所以他在裤子上贴补丁，补鞋跟，重新整修家具，把所有东西都做了最有效益的使用。

用很多牙膏的人。浪费是他们最大的缺点，在生活当中的其他地方也别指望他们能省下什么。由于心中强烈的不安全感，他有舍弃一切的倾向，而且，他所谓的"足够"是永远都不够。他极度挥霍，为的是让自己体会到幸福的感受。他所过的生活远超过他财力所能负担的限度。对他而言，这些都无所谓，只要每个月信用卡的账单能够付清就行了。但他们很有魄力，有能力和勇气去面对生活和工作当中的困难，所以能够有较为突出的成就。

牙膏盖不知去向的人。也许是大大咧咧所造成的，但另外一种情况是他们另有所思，他们通常具有很强的进取心。不愿意浪费刷牙的时间，所以在思考其他事情的同时也忘记了牙膏盖的位置。他们有一定的胆量，从不做逃兵，迎难而进，面对重大决策和问题时勇往直前。

牙膏用到牙膏管都卷了起来。他紧紧把握生命中的一点一滴，不单是牙膏而已。他是个吹毛求疵的人，一本正经，规规矩矩。他习惯把盘中最后一口食物吃完，不浪费一丁点儿，即使剩下，也会用塑料袋保存好。他制造的垃圾很少，只要想到要丢东西，就令他惶恐不安。

从牙膏管中间挤牙膏。他只关心眼前，不重视未来，是个及时行乐的人。他没有银行账户，假如有，也只是一点儿股票、债券，或其他长期投资。在性爱方面，即刻的满足通常是他建立长久关系的基础。

睡床反映人的内心世界

人的一生有 1/3 的时间都在床上度过，在床上睡觉、做梦，或只是躲在被子下。床是与人们分享最亲密想法和经验的地方。

由于一张床要能够实现上述的目的，所以，这张床必须是安全和舒适的，它能够反映出床主人的特性。

单人床。睡单人床表示从小到大的教育方式对他的道德观影响深远，而且他对自己的社交关系限制得十分严格。他是一个保守主义者，结婚之前，不会和别人分享自己的床。

3/4 的床，比单人床要大一点儿，但比双人床要小一点儿。只要和某人同床睡觉，他喜欢和对方很亲近、很温暖地在一起。他或许没有伴侣，不过这段时间不会太长。他还没准备好对某人做完全的承诺，但是，他已经准备好付出 75% 了。

特大号床。他需要有自己的空间，而且这空间要很大。他需要玩耍的空间、逃避的空间。他不计代价避开被囚禁的感觉，为的是维持自己对自由和独立的渴求。特大号床表示只要他想和他的同伴保持距离，随时都能做到。

圆床。他不知道哪一头是床头，其实，他也不在乎，因为这样，生活才更有意思。既定的规则无法局限他，他喜欢把自己的床当做整个宇宙。

折叠床。他可能还没意识到，但他对已经压抑多年的性欲有着深切的罪恶感。他能够放纵自己，然后再否认自己曾有过的那番经验。每当他把床折成椅子形状时，他所关心的只剩下事业，他把自己的感情和床垫一块儿隐藏起来。这样的行为，可能会令那些刚和他共度良宵的异性惊惶失措。

日式垫子。让自己睡在地板上，这种来自东方半斯巴达式的地板垫子，有股自律的意味。它们就像地板一样硬邦邦，而这点正合人意，因为他从来没打算让自己舒适自在。

镜子床。实际上他不太信任自己的情感，经常跳出来，仿佛在一旁观察自己。有了床上方的镜子，他才能够让自己相信一切是真真实实地存在。

水床。这个人很善变，是个真正明白该如何"顺应潮流"的人。他可以把过去的经验完全融合在一起，使自己成为一个极度性感、令人满意的伴侣。做爱时，他相当投入，达到忘我的境界，他忘了时间、忘了地点，完全沉溺在一波又一波的愉悦和温暖中。

铜床。床就是他的城堡。四周有精巧的金属架，四角有四根尖尖的柱子。他觉得自己十分容易受伤，甚至在睡觉时也需要保佑，才不会受到别人的攻击。企图卸下这种防御心的人，由于无法攻破周身这道坚实的堡垒而倍感挫折。

自动调整床。只要轻按一下按钮，就可以抬高或放低头和脚，并且可以调整出上千种位置。他是个完美主义者，无论花多少成本，费多少心力。他为人严苛，难以取悦于人，会刻意塑造环境迎合自己的需求和想法，而且坚持到底，别无选择。他不去顺应别人，但别人必须适应他。

早晨整理床铺。如果他通常在早晨下床后，就把自己的床铺整理好，那他是个爱整洁、擅长打扮自己的人。不过，如果他每天早上都一定要把床铺整理得漂漂亮亮，那就是有洁癖。他会把浴室的每一条毛巾都叠得整整齐齐，家中的每一个角落都打扫得一尘不染，而且沙发上还盖了一层塑料套子。别人到家里来，根本无法放松心情，因为他无时无刻不在找寻掉落的尘屑。

早晨不整理床铺。从不曾有一位像严格的长官一样巡视你床铺的母亲，也不曾遇见一位像母亲一样检查床铺的严格长官。他自以为对人生的态度是怎样怎样的超然，其实，这一切反映在现实的生活里，不过显示出他是一个既懒惰又无纪律的人罢了。他的床变得邋遢透顶，邋遢到没有人愿意睡在上面。

从办公桌的状态看一个人的性格

　　每个人在工作时都有属于自己的一张办公桌，那么在这张办公桌上，假如能够仔细观察的话，也可以发现其很多的秘密，这些秘密究竟是什么呢？这就要从办公桌所呈现出来的种种表象，观察一个人到底是属于什么样的性格。

　　抽屉与桌面大都是乱七八糟的人。他们待人多非常的亲切和热情，性格也很随和，做事一般仅凭自我的喜好与一时的冲动，两分钟热血过后，可能就会自然而然地放弃。他们缺少深谋远虑的智慧，不会把事情考虑得太周密，也没有什么长远的计划。生活态度虽积极乐观，但太过于随便，不拘于小节，常常是马马虎虎，得过且过，但是他们的适应能力较一般人要强一些。

　　抽屉和桌子都像是垃圾堆，找一样东西，经常要翻老半天，把所有的东西都翻个遍，到最后可能还是找不到。这样的人工作能力比较差，效率也很低，他们的逻辑思辨能力相当的糟糕，也多缺乏足够的责任心。

　　无论是办公桌的桌面上，还是抽屉里，都摆放得整整齐齐，各种物品都放在该放的位置上，让人看起来有一种非常舒服的感觉。这表明办公桌的主人办事效率很高，且他们的生活也有一定的规律，该做什么事情，总会在事先拟订一个计划，这样不至于有措手不及的难堪。他们中多数有一些很高的理想和追求，并且一直在为此而努力。但是他们习惯了依照计划做事，所以，对于一些意想不到的事情，常常会令他们感到不知所措。在这一方面，他们的应变能力显得稍微差一些。但他们很懂得利用自己的时间，能够精打细算地用不同的时间来做更有意义的事情，而不是浪费掉。

习惯在抽屉里放一些具有纪念意义物品的人，大多数性格是比较内向的。他们不太善于交际，因此朋友不多，但仅有的几个却是十分要好的。他们很看重和这些人的感情，所以会格外地珍惜彼此之间的友谊。他们具有一些怀旧情结，总是希望珍藏一些美好的回忆。但他们比较脆弱，很容易受到伤害，而且做事也缺少足够的恒心和毅力，常常会在挫折和困难面前不战而退。

不论从桌面上来看还是看他们的抽屉，所有的文件都按照一定的次序和规则放好，整齐且干净。这样性格的人，组织能力也较强，工作有一定的条理性，办事效率一般比较高，而且具有较强的责任心，凡事都小心谨慎，以免发生失误，态度相当认真。这样的人虽然可以把属于自己的工作做得很好，但是有一点墨守成规，缺乏冒险精神，所以不会有什么开拓和创新。

桌面上收拾得非常整洁、干净，但抽屉里却摆放得乱七八糟。这样的人虽然有足够的智慧，但往往不能够脚踏实地去做事，善于耍一些小聪明，在表面工作上做些文章。表面上看来，他们有比较不错的人际关系，但实际上却没有几个人是可以真正交心的，他们也是很孤独的一群人。他们的性格多比较懒惰、散漫，为人处世并不是十分可靠。

各种文件资料总是这里放一些，那里也放一些，没有一点规则，并且轻重缓急不分，这样的人大多做起事来虎头蛇尾，总也理不出个头绪来。他们的注意力经常被一些其他的事情分散，从而无法集中在工作上，自然也很难做出优异的成绩。他们也想改变自己目前的这种状况，但是自我约束能力很差，总是向自我妥协，过后又后悔不迭，可紧接着又会找各种理由来安慰自己。

从电子信箱探知个人心理

在现代社会中，通信设施越来越先进，方便和快捷的通讯方式在很多时候使很多人忘记了还有写信这么一回事儿，写信进行沟通和交流仿佛已是上个世纪很久远的事情了。但这只是针对一部分人而言的，写信的联系方式虽然在今天已经不如以前了，但在一定范围内还普遍存在着，所以从处理信件来观察一个人还是有必要的。另外顺便强调一下，随着科技的发展，很多人都上了网，到网上去交流，在网上发电子邮件其实也是写信的一种方式。

一收到信就打开并在最短的时间内写好回信的人。他们的时间观念一般来说还是比较强的，希望尽快地把事情做好，然后去做其他的事情，同时也不希望对方等得太久。但也有一种情况是，他们只是在对信件的处理上表现得比较积极，因为写信的人是他比较重视的，但在其他方面则比较散漫和随便，得过且过就可以了。

接到信以后看也不看就把它丢在一边不管，继续做其他的事情。这样的人，如果他不是存心不看信，就表明他的工作、学习、生活是很忙的，时间被安排得很紧，至于那些不是特别重要的信件自然就会放在一边，等到时间充裕的时候再处理。当然，可能永远不会有处理的时间。

接到信以后，请别人代自己打开信件。这样的人对别人多是充满信任感的，否则不会让别人替自己打开信，毕竟信是属于比较私人化的东西。并且他们不擅长隐藏自我，可以将许多秘密说出来与他人共同分享。这种人自我意识比较强，人际关系不会太好。但总的来说还是比较不错的，他们虽然比较以自我为中心，但还较慷慨，凭这一点可以使自

123

己赢得他人的信任。

接到信以后，先仔细地看一下寄信人的地址之后，再打开信看信的内容。这样的人，生活态度大多是比较严肃的，他们做事很有规则性，而且很彻底，要么不做，要做就一定要把它做得很好。

在接到信以后，进行一番选择，先把私人信件拣出来，看完以后再去处理其他的信件。这样的人多是感情比较细腻，而且特别重情谊的人，他们一般来说在性格上显得有些脆弱，需要得到别人的安慰和扶持，这也是对私人信件比较看重的一个非常重要的原因。

喜欢阅读垃圾信件的人，其好奇心是比较强烈的，他们希望能够接受一切自己感兴趣的东西。基于这一点，他们对新鲜事物的接受能力特别快。因为有些东西是比较无聊的，他们在看的时候，又练就了自己的忍耐力和宽容力。

与上一种人相反，见到垃圾信件就丢掉的人，他们在为人处世方面都是比较小心和谨慎的，有自我防卫意识，不会轻易地相信某一个人。这一类型的人多少有些愤世嫉俗，所以显得不够圆滑和世故，所以人际关系会存在着一些不如意之处。

信箱总是满满的。从这一点就可以看出，其人际关系是相当不错的，有很多可以用写信的方式进行联系的朋友。这种人多属外向型人，为人多比较随和亲切，能够关心人，为他人着想，所以很容易获得他人的信任和依赖，他们很满足于这种什么东西都有很多的良好感觉。

与信箱满满相对，信箱总是空空的人，性格是比较孤僻和内向的，不太容易与他人进行沟通和交流，心里有很多属于自己的隐私，但他们不会将这些说出来与他人分担和分享。这样的人由于性格注定，自主意识比较强，凡事不用征求其他人的意见就有自己的主张，常常我行我素。他们常走极端，不是过分的坚强，就是过分的脆弱。

洗澡习惯窥视人的内心

多数人每天都会沐浴，沐浴是一种生活享受，它帮助你把累积了一天的尘垢洗净，洗去疲劳，以清新的身体面对新的一天。不同的沐浴习惯也能暴露出他内心的秘密。

泡泡浴。喜欢泡泡浴的人乐观，大多很在乎自己的感受，相当纵容自己，可是到最后却往往要付出沉重的代价。他们认为"人不为己，天诛地灭"。所以，在尽可能的范围之内，他们让自己享受快乐的人生。这种人对自己的外表特别重视，经常做皮肤护理，还很小心打理自己的头发。在穿着打扮方面，他们并不刻意追赶潮流，他们最注意款式是否舒适大方、衣料是否名贵。这种人的脾气属于温和型，但他们厌恶别人的侵犯或占便宜。遇到如此的对待，他们会不顾一切作出反击，因为保障本身利益对他们而言是很重要的。

蒸汽浴。喜欢享受蒸汽浴的人，多是工作十分疲劳或是能够很好地享受生活。做事既彻底又有耐性。他们相信"天下无难事，只怕有心人"，他们认为只要肯去做，没有什么事是办不到的。他们具有一定的内涵，在为人处世各个方面比较深沉和稳重，能够抓住本质，由内向外观察问题、解决问题。这种态度能够为他们的成功带来很大的把握，但在人际关系方面，有些人会觉得这种人太过专横，有点难以相处。他们看不起软弱无能的人，觉得这类人不长进，但他们对权势却相当崇拜。

浴堂。有些人喜欢到公众浴室洗澡，赤裸着身体，与其他人一起泡在大浴池里。经常如此洗澡的人，是一个不甘孤独与寂寞的人，因为这种人即使做别人视为极度隐私的事情时，也喜欢选择有一堆人在场。这种人虽然未必是现代孟尝君，但他们对朋友相当乐善好施，有时宁愿先照顾朋友的需要，而忘记家人的痛苦。

按摩式淋浴。喜欢按摩式淋浴的人一般会投资一笔钱，在自己的浴室里特别安装一个可以调节水流大小缓急的浴缸。他们相当追求物质上的享受，其内在哲学是：既然投胎做人，就应该尽情享受这快乐的人生。虽然他们花钱的方法不至于出手大方，但他们绝对也不是守财奴，他们认为钱是赚来用的，所以逛街购物是这种人的嗜好之一。他们希望能够舒舒服服、快快乐乐地做人，很少自寻烦恼，更不会涉入感情的纠纷，有婚外情的话，也只限于一夕之缘。这种人唯一对自己稍有不满的地方，就是缺乏对异性的追求。

冷水淋浴。喜欢冷水淋浴的人能够保持冷静，他们认为面对事情时，最重要的是保持头脑清醒，他们不希望被强烈的感觉左右了自己的判断能力。在别人面前他们经常以自己有理性、有逻辑为傲。这种人很少公开批评别人，因为他们觉得这样做容易树敌，是不理智的，但私下他们对每件事、每个人都有独特的见解。在事业方面，这种人追求专业知识及事业地位，渴望得到他人的尊重与赏识。这种人吸引异性有些困难，因为在对方的眼中，他们属于比较冷漠的那类。如果这种人考虑一下多向别人表达他们的感受，人家会觉得他们平易近人些。

热水淋浴。这种人不分寒暑，经常把水温调得较高才淋浴。他们是"感受"型的人。他们待人接物特别讲究第一感觉，如果他们第一眼接触某人就对他有好感，那么就会与他一见如故，迅速发展友谊。不然的话，他们会采取避之大吉的态度。碰见喜欢的异性，他们有时会脱离现实（如忘记自己已婚或对方已婚），而展开热烈疯狂的追求。或者，他们认为爱得痛苦才属于真正的爱，就好像要用灼热的水淋浴才能彻底地把自己洗干净一样。在吃的方面，他们也很追求味觉上的刺激，吃什么菜都要蘸点辣椒酱，喝清淡的汤也可能要撒胡椒粉！在衣着（包括领带）方面，他们喜欢选择鲜艳的颜色，款式上也尽可能追上潮流。许多人都认为这种人是性情中人，喜欢跟他们打交道，不过也有同样多的人被他们的热情吓跑了。他们如果能把握自己的情绪最好，因为时时乱发脾气其实是相当令人讨厌的。

第六章　兴趣爱好现庐山真面目

音乐反映人的性格

音乐是全人类共通的语言之一，不用去学习，我们都能自如地听懂它。生活中到处都能听到音乐，没有音乐的生活会显得特别枯燥和无味。或许每一个人都曾有过在特定心情的时候曾被某一首音乐作品感动得泪流满面过。因为音乐是一种纯感觉性的东西，而从人们听音乐的时候喜欢听哪一类型的，就表明他在这一方面的感觉比较好，而这种感觉很多时候又是这个人心理的真实反映。

喜欢流行音乐的人。简单是流行音乐的主旨，这并不是说喜欢流行音乐的人都很简单，但至少他们在追求一种相对简单和自由自在的生活方式，而让自己轻松快乐一些。

喜欢摇滚乐的人多是对社会不满，有些愤世嫉俗，他们需要依靠以摇滚的形式来发泄自己心中的诸多情绪。他们会时常感到迷茫和不安，需要有一个人领导着逐渐找回已经丧失或是正在丧失的自我。他们很喜欢与一些志同道合的人交往，他们害怕孤单和寂寞。

喜欢听古典音乐的人，一般是理性成分占多数的人，他们在很多时候要比一般人懂得如何进行自我反省、自我积累，从而留下对自己非常重要的东西，将那些可有可无的，甚至是一些糟粕的东西抛弃。这样的人大多很孤独，很少有人能够真正地走入到他们的内心深处去了解和认识他们，所以音乐在一定程度上成了他们的伙伴。

喜欢乡村音乐的人多是十分敏感的人。他们对一些问题常会表现出过分的关心，为人多较圆滑、世故、老练、沉稳，轻易不会动怒。他们的性格一般比较温和、亲切，攻击性欲望并不强，比较喜欢一种稳定和富足的生活。

喜欢爵士音乐的人，其性格中感性化的成分往往要多于理性，他们做事很多时候都只是从自己的感觉出发，而忽略了客观的实际。他们喜欢自由、无拘无束的生活，希望能够摆脱控制自己的一切。他们对生活往往是追求其丰富多彩，而讨厌一成不变的东西。他们的生活多是由很多不同的方面组成的，而这些方面又总是彼此互相矛盾着，从而给他们在表面上笼罩上了一层神秘的面纱，使他们在人前永远是魅力十足的。

喜欢歌剧的人，其性格中有很多比较传统、保守的成分，他们多是比较情绪化的人，但在大多数时候懂得控制自己的情绪，不会随便地发作。他们做事比较认真和负责，对自己很苛刻，总是要求表现出最好的一面，而努力做到尽善尽美。

喜欢情境音乐的人。情境音乐听起来清脆悦耳，可以让人产生愉快的心情。喜欢情境音乐的人，其大多都是比较内向的，他们渴望平静和安宁，而不受到其他人或事的干扰。

喜欢背景音乐的人，想象力是非常丰富的，而他们的生活态度却有点脱离现实而沉于幻想，这就使他们有许多必然的失望。不过还好，他们比较善于自我调节，能够重新面对生活，只不过幻想并没有减少。他们的感觉是相当灵敏的，往往能够在不经意间捕捉到许多东西。他们乐于与人交往，哪怕是不太熟悉的人。

喜欢颓废音乐的人大多数具有自卑感，他们的性格从某种程度上来说是比较矛盾的。他们讨厌一个人的孤独和寂寞，渴望与人交往，但他们又很难与人建立起相对良好的交往关系。在这种情况下，他们会产生一种很反叛的心理，颓废音乐正好使这种心理得到了满足。喜欢颓废音乐的人多崇尚暴力，有自我毁灭的倾向。

对音响的选择体现人的个性

音乐的传播需要一定的设施，这其中主要是指音响。走进商场，你会看见各种各样的音响，你认为不太喜欢的音响却很受别人的欢迎。之所以对音响的选择不同，是因为每个人都有着不同的个性。所以，从对音响的选择上可以看准一个人。

很多人喜欢带着随身听听音乐，这种人以年轻人居多，他们很在乎属于自己的单独空间，不愿有人来打扰，也不愿意他人更多地了解自己。所以，他们有时表现出来的并不是正的自己，他们把自己的真实感情隐藏起来，目的是把自己与他人隔离开来。这类人大多比较自我。

喜欢迷你型组合音响的人，这类人对新鲜事物的接受能力多是比较快的。他们对传统的、一成不变的生活感到无法忍受，希望能够多一些新鲜和刺激，有时候自己可能会迈出这一步，去寻找一些有意思的东西。同样，他们往往不堪忍受自己不感兴趣的东西。这种人属于爱憎分明的一类人。

有的人喜欢拿着手提式音响到处乱走，这种类型的人大多具有强烈的叛逆性，他们对很多事情常持有愤怒的态度。在某种程度上，他们希望自己能够引起他人的注意，得到他人的认可。他们有着莫名的危机意识，害怕自己被别人视为一个无能的人。

喜欢调频收音机的人，他们多活得比较轻松，生活态度积极，心胸开阔，凡事不爱太计较，得过且过就好。这一类型的人心态比较平和，与世无争，除了自己及一些亲朋的事情外，他们很少关注别人。他们满足于自己的小圈子，对别人也没有什么兴趣，他人的事从来不乱打听，是一种安分守己的人。

有人喜欢分贝量很大、带扩音器的音响，这类人大多是不甘寂寞的，他们希望生活中能多些精彩的内容，讨厌自怜自艾的忧怨，而更倾向于有激情和力量的一切。此外，他们通常有很强的控制他人的欲望，不喜欢听人差遣。

喜欢有两个喇叭以上的音响的人，这种人大多体力和精力充沛，能够同时应付几件事情，自我膨胀欲望强烈，办事效率高，时常会令他人羡慕不已。另外他们为人较亲切和热情，有很多的朋友，在社交场合比较受欢迎。

喜欢集多种功能于一体的多合一型音响的人，这类人大多比较懒惰，怕麻烦，缺少耐性，凡事都力求简单、方便、快速地完成。但是他们在为人处世上比较有分寸，知道在什么时候适可而止，很少得罪人。

有的人喜欢分离式扩音器、唱盘、录音座等音响，这种人大多不怕麻烦，既然决定要完成一件事情，那么就要把它做好，完全符合自己的心意。他们知道如何选择人，如何网罗人，并把他们放到适当的位置，发挥出最大的作用，因此观察能力一般很强。

有些人喜欢音响只有一个录音座，他们大多比较实际，且有一套相当健全而又实用的投资理财本领，懂得节俭，但为人处世并不小气，对待朋友慷慨大方。另外他们有着敏锐的眼光，对一些事情的预见能力也很准确，比一般人更能够抓住成功的机会。

阅读偏好反映性格差异

报纸是一种信息载体，可以满足我们很多需要，使我们既可以了解身边的新闻，也可以纵观世界风云，所以报纸成为人类生活必不可少的重要内容之一。报刊书籍是人类最伟大的朋友，无时无刻不在更新着人类的思想，传递着人类的文明。由于种种原因，每个人都养成了不同的阅读偏好，因其不具有任何强制性。因此，从中我们可以窥视出一个人的内心世界。具体分析如下：

为了打发时间而阅读的人忠厚老实，为了寻找乐趣，因此，得到报纸后随手一扔，等感觉到烦闷和无聊的时候才拿出来看。他们一般比较内向，孤独，办事拖泥带水，情绪不稳，没有魄力，自视清高，人际关系差，但有很强的想象能力，不钻牛角尖，忠厚老实。

浏览报纸内容迅速的人富有活力，信心百倍，外向，喜欢热闹，不善隐瞒，不迟钝呆板，不排斥新事物，办事周到积极，随遇而安，有时喜欢张扬，听不进他人劝诫。只要一拿到报纸后，必先将报纸各版的内容了解清楚，哪怕时间紧迫也置之不理，随后就会忘记放在什么地方。

抽时间细心阅读报纸的人做事比较认真负责。买来报纸之后，并不急于阅读，而是放在一旁，用最快的速度将手头上的工作做完、做好，等到没有其他的人或事分心时，再静下心来阅读，并将其重要的内容裁剪下来保存好。他们较为内向，不善言辞，讲究实际，自找乐趣，认真负责，自控能力强，能够独当一面，对交际应酬不感兴趣，对他人也显得热情不足。

仅阅读自身喜欢内容的人幽默自信。拿到报纸后会用最快的时间将大概内容了解清楚，选择自己感兴趣的内容，有时为了满足好奇心抢夺熟人的报纸；当发现没有自己喜欢的内容之后会把报纸搁置在一旁，偶尔抓过来作为他用。他们大多活泼外向，喜欢热闹，幽默自信，广交朋友，对很多东西都感到好奇，有领导才能，但做事往往不能精益求精，有时敷衍了事，好捅娄子。

喜欢阅读时装杂志的人很难做成大事。这类人出手大方，追求时尚，以掌握最新富人服装信息与流行趋势为乐事，以显示自己在此领域内的能力和水平；时间和精力都花费在了外表上，忽略了内在修养，所以不能成就什么大事业。

喜欢阅读财经杂志的人争强好胜，不甘寂寞，不喜欢安于现状，而且有知难而进的勇气，不愿屈从，最喜欢超越别人；渴望荣誉，崇尚权威，努力寻找发达的时机，为自己的人生谱写出光辉灿烂的一笔。

喜欢阅读武侠小说的人追求浪漫，富于幻想，感情丰富，心底深处有某种压抑很深的英雄情结，总是希望自己能出人头地；感情有时过于细腻，反而不讨女性的喜爱；个别人性格倔强、偏执，但不影响其引人注意的特性。

喜欢阅读言情小说的人十分注重感情，能够随着故事情节的发展而同小说人物一起悲欢。他们对事物有很强的洞察能力，自信和豁达；吃一堑、长一智，很快会恢复元气，有成就事业的可能，这样的人以女性居多。

喜欢阅读侦探小说的人喜欢挑战思想上的困难，知难而进，富于幻想和创造，想象力也比较丰富；善于解决难题，面对困难能够从不同的角度进行分析，尝试解决，喜欢挑战别人不敢做的难事。

喜欢阅读恐怖小说的人不善思考，简单的生活让他们感到很乏味，渴望用刺激或冒险激活自己的脑细胞。他们有懒惰的性格，因此，很难从周围获取乐趣和欢愉，同时对身边的人不感兴趣，所以不太合群，独处一隅的时间比较多。

喜欢阅读科幻小说的人富有幻想力和创造力，想象力非常丰富，往往被科学技术所迷惑或吸引，喜欢为将来拟订计划，但不讲求实际，缺乏持之以恒的精神；总是为他人喝彩，很少打造自己的辉煌，常常在幻想当中过日子。

喜欢阅读通俗读物的人喜欢看街头小报、期刊杂志。他们直爽可爱，热情善良，善于使用巧妙而幽默的话语活跃气氛。他们有着十分强的收集和创造能力，趣味性的话题总是张口就来，他们常常是大众中的宠儿和小丑。

喜欢阅读漫画书的人一般都喜欢游戏，单纯幼稚，童心未泯，性格开朗，容易接近；喜欢自由自在，无拘无束，不想把生活看得太复杂；对别人不加防备，往往在吃亏上当后才发觉自己是那么的幼稚，能够吃一堑、长一智。

喜欢阅读历史书籍的人讲求实际，创造力丰富，不喜欢胡扯闲谈，把时间都用在有建设性的工作上面，讨厌无意义的社交活动。古为今用，他们能够从历史事件当中汲取对自己人生有意义的东西；具有很强的分辨能力，深受周围人的赞赏。

喜欢看传记的人具有强烈的好奇心，谨慎小心，野心勃勃。他们善于统筹全局，衡量利弊得失，不打没有把握之仗，条件不成熟决不会越雷池一步。

从对宝石的喜好看人的心态

宝石可说是美丽、权力和财富的象征，几乎没有人不喜欢宝石的。但是宝石种类繁多，各具特色，不同的人都有自己偏爱的宝石类型。因此，一个人喜欢什么样的宝石，可以表现出一个人的个性。

1．珍珠

珍珠有着诱人的光泽，如果是天然的珍珠，非常珍贵。喜欢珍珠的人，必是纯真且优雅的人。这种人总是以对方的心情和立场来考虑，不会强迫他人接受自己的意见。但是，这种类型的人比较低调，不是很善于表现自己。因此，当他们喜欢某人或某种东西时，常无法明确地表示自己的心意，这时候，就表露出焦躁不安的一面。

2．钻石

钻石的珍贵无与伦比，它的光泽耀眼夺目。喜欢象征权力与财富的钻石的人，大多是现实的，有着强烈的金钱欲望。除金钱外，他们还想得到这个世界上其他最好的东西。这种人通常凡事多能积极去做，随时都能够接受新事物，一切的行动都有着明确的目标，属于目标导向型的人。

3．紫水晶

在水晶之中，价格最贵的就要数紫水晶了。喜欢紫水晶的人，大多是优雅的女性。她们行为虽谨慎，但能自然地表现出自己的个性。这种人脑筋好，有着丰富的想象力。因此，她们多半是喜欢美丽事物、喜爱艺术的人，能够在艺术领域作出成就。

4．黄玉

黄玉是一种美丽的黄色宝石。喜欢黄玉的人，讨厌被拘束，喜欢表现自己的个性。他们有着强烈的自我主张，凡事不喜欢受人指使。可以说，是爱领导他人的人。对于知识，他们一般有着强烈的好奇心，喜欢打破沙锅问到底。对于他人做不到的事，总是积极地加以挑战，是自信心很强的一种人。

5．珊瑚

据说佩戴珊瑚有避邪的作用。喜欢珊瑚的人，多半喜欢占卜、宗教这类神秘的事物。这种人通常很重视直觉，常会有想象不到的快感。从表面上看，此种人蛮柔弱的，其实内心是很刚强的，属于典型的外刚内柔的一种人。

6．土耳其石

喜欢美丽的土耳其石的人，全身散发着一股谜一样的神秘气质。他们是一开口就让周围人惊异的人，一般具有独特的创意。

7．祖母绿

祖母绿是绿色宝石的代表，绿色越深的价格越高。喜欢祖母绿的人，大多是性格开朗、积极向上的人。即使遇到有不悦的事，也会马上忘掉，个性干脆利落，行动时，不会受过去所左右，眼光总是放在未来。在团体中，这类人总是成为众所瞩目之人。

8．海蓝宝石

喜欢这种淡蓝色宝石的人，多是浪漫主义者。他们总是怀抱着大的梦想和理想，并以此作为自己生活的指引。但是这种人执行力不强，谨慎有余，通常不能出色地完成任务。他们一般待人和善，总为对方设想。所以，温柔体贴、善解人意也是这种人的特征。

9．红宝石

红宝石是代表关系亲密的宝石。喜欢红宝石的人，大多积极向上、热情洋溢，有着凡事都想试试看的意欲，很有行动力。他们很自信，最重视自己的感觉和所相信的事。不过，由于过于独立，他们在很多时候经常和周围人形成对立，人际关系不是很好。

10．蓝宝石

喜欢蓝宝石的人大多是非常认真、忍耐力很强的人，对于自己的感情和欲求有着极佳的控制力，是表里一致的人，很受周围人的信赖。但是，他们有时候也会产生叛逆的想法，比如不满足自己过于被局限在某一类型中，但实际上却没有勇气去付诸行动。

益智游戏体现人的个性

益智游戏是人们休闲时间里的一种娱乐方式，善于玩这种游戏的人，大都比较聪明。益智游戏分为很多种，每个人根据自己的所长和爱好，会选择不同的游戏。所以，从选择的游戏类型，我们能够看出其性格上的一些特征。

1. 喜欢玩几何图形游戏的人

这种人大多比较聪明和智慧，他们对某一事物常常会有自己独到的见解，而不是人云亦云。他们在思想上比较成熟，为人深沉而内敛。他们最大的特点是谨慎行事，从来不打无准备之仗，在做某一件事情之前，他们多是要经过深思熟虑，前前后后把该想的都想到，在心里有了大致的把握以后才会行动。即使在过程中出现什么变故，他们也能很快地找到应对的策略。

2. 喜欢颠倒字母组成新单词的人

将某一单词的字母随意颠倒顺序，组成新的单词，这一类型文字游戏考验人的思维反应能力。喜欢这种游戏的人其思维反应多是相当灵敏的，随机应变能力很强，能够根据环境的变化或者条件的改变来改变自身的策略。他们在对人的观察这一方面也有一些独到之处，能够很快又非常准确地洞察一个人的内心所想。

3. 喜欢数字类益智游戏的人

这类人大多逻辑思维能力比较强，智商较高。他们的生活多是极有规律的，有时候甚至都达到了死板的程度。在为人处世上，他们不圆滑也不世故，而是有自己的一套原则，但是过分坚持自己的原则，不懂得

137

变通，既易伤到别人，也会给自己带来损失。

4. 喜欢智力测验的人

这种人对生活没有什么规划，一般比较随意。他们对于各种事物的轻重缓急并没有一个清楚的认识，很多时候会将时间、精力甚至财力浪费在没有任何意义的事情上面，而正经事情却被他们耽误了。遇到这种情况，他们并不为此而懊恼或后悔，相反却还找各种理由劝导和安慰自己。总体来说，是一种不善于提高自己的人。

5. 喜欢神秘类益智游戏的人

这类人最显著的特征就是疑心比较重，不容易相信人。他们对某些细节及一些细微的差别总是表现得极其敏感，而这就成为他们怀疑的依据。但大多数情况下，他们的这种怀疑最后都被证明是错误的。

6. 喜欢找茬游戏的人

这种人活得多不轻松，总是有危机意识，常常会被一些没有任何理由的烦恼困扰着。即使现状是一片大好，可他们却往往要朝着不好的方面想。他们的胸怀多不够宽阔，很少注意到他人的优点，却总是盯着他人的缺点不放。所以，这种人也不会有多好的人际关系。

7. 喜欢拼图游戏的人

他们的生活常常会被一些意料不到的事情所干扰和左右，这些事情打乱了他们的计划，有时甚至是使长时间的努力和付出全部付诸东流。但这一类型的人具有一定的忍耐力和信心，在困难和挫折面前不会被击垮，而是能够保持自己再奋斗的精神，一切重新开始。

8. 喜欢纵横字谜的人

这种人大多是做事非常看重效率的人，他们希望在最短的时间内花费最少的精力地去完成某件事情，但是这种严格的要求在某些时候是不现实的。生活中，他们很有礼貌和修养，在与人相处时彬彬有礼，显示出十足的绅士风度。这种人大多有坚强的意志和责任心，敢于面对生活中的各种困难和挫折。

9. 喜欢魔术方块的人

他们有着强烈的自主意识，希望凭借自己的能力获得成功。他们不喜欢把别人的思想和意见据为己有，而是热衷于自己去钻研和探索，即使这需要漫长的过程和付出很高的代价，他们也会坚持下去。这种人一般具有很好的耐性，遇到再麻烦的事情，他们也还能坚持如一。另外，他们大多心灵手巧，触觉相当灵敏，动手能力较强。

不同的嗜好体现人的性格

嗜好是一个人的兴趣所在，它不同于一般的工作和学习。因为工作和学习在很多时候都是具有一定的目的性的，是在现实状况下不得不去做的事情；而嗜好则完全发自自己的内心，就是喜欢而已，没有什么功利在里面，自己做这件事可能没有任何回报，但同样是开开心心的。所以说，一个人的嗜好最能反映一个人的性格，这是人性格的自然流露。

有些人喜欢搜集钱币，这类人的性格相对来说是比较保守和传统的，不太敢于冒风险，对于新鲜的事物不太敏感，接受能力比较差。他们大多具有很强烈的责任心，做事善始善终，比较追求完美，从来不会半途而废，不管会遇到多大的困难，他们都会要求任何事情都要有结果。

有些人喜欢搜集一些奇特的小东西，如啤酒瓶子，或者香烟盒等。这类人大多进取心比较强烈，大多数时候他们都显得相当忙碌，好像总有许多做不完的事情。他们有着浓厚的怀旧情结，对过去的人和事都比较留恋。他们懂得节制，不会过分地放纵自己，而且很懂得节俭，没有多强的欲望，大体上能够满足现状。但是他们也有一定的自信心，会主动承担一些责任。

喜欢园艺的人，大多是循规蹈矩的人，他们凡事都追求一个循序渐进的过程，然后让其自然而然，水到渠成。他们相信付出就有回报，因此能够踏踏实实地工作，认认真真地付出。另外，这种人的责任感也比较强烈，对自己的错误从来不掩饰，能够主动对自己犯下的错误承担责任。

喜欢美食烹饪的人大多不甘于平庸和寂寞，他们喜欢多姿多彩的生活，总是要想方设法地使自己的生活中多些激情和色彩。他们有着很高的目标和理想，而且能够付诸行动，积极努力地去争取。他们的创造力和想象力也很强，善于创新，并且总会给亲人和朋友制造一些意外的小惊喜。这种人生活态度健康，属于积极向上的一类人。

许多人喜欢下棋或玩纸牌，他们可能在身体上不那么强壮，但在智力上，他们要比一般人高。他们常把自己的聪明才智发挥得淋漓尽致，从而把对手逼得走投无路，这种过程让他们获得了很大的满足。由于经常玩这种游戏，这种人的逻辑思维和分析思考能力都是相当强的。他们做事情非常专注，常常能够以比其他人相对更集中的精力投入到某件事情当中。

喜欢乐器的人，大多是感性大于理性的人，他们非常敏感，总是能够在不经意间捕捉到一些灵感，而这种感觉是独特的，一般人不能体会其中的快乐。但好似他们的性格相对比较脆弱，有的简直是不堪一击。他们敏感的心其实很希望得到别人的关心和爱护，但这种人一般却不懂得如何去关心和爱护他人。

喜欢抽象画的人，有着比较强的表现欲，他们希望能够有更多的人注意到自己。另外，他们并不是十分在乎他人对自己的看法，而喜欢我行我素，自我意识比较浓。做事时，他们往往只为自己着想，而很少考虑其他人的意见和感觉。这种人在社交场合比较另类，由于其在为人处世上过于自我，一般不会受大众的欢迎。

喜欢阅读的人，大多是比较喜欢思考的人，这类人有很强的创造力和想象力，他们兴趣广泛，对生活充满热情。在工作上，这种人积极进取，能够不断取得成就，扩展自己的领域。但是，这种人有时候可能过于沉溺于思考，而忽视和周围的人交流，不知不觉中会缩小自己的交友圈。

喜欢写作的人，大多思想另类，凡事喜欢究根问底，喜欢观察周围的一切。但是这种人一般性格较为悲观，他们往往夸大生活中的某一个方面，属于比较愤世嫉俗的人。但是这种人逻辑性很强，做事情很有计划性，也很有条理，凡事都有自己独特的见解和想法。

喜爱集邮的人，大多善于自我调节情绪。在发生一件事情，使他们的心情很不平静的时候，他们总是能够进行自我开导，而将之先放在一旁，然后等平复以后再去处理。但是他们过于重视自己的外在形象，很多时候不知道怎样拒绝别人，所以会无端地增加许多烦恼。

喜欢旅行的人，多属于外向性格的人，他们的好奇心往往很强烈，而且好动，他们需要一些富于变化、带有刺激性的东西来满足自己。由于喜欢到处转，他们通常会有比较好的人际关系，而且由于经常旅游，见识的事物比较多，增长了他们的阅历和知识，在交际场合，这类人的谈吐和见识一般让人刮目相看。

喜欢钓鱼的人，是一种重视过程甚于结果的人。他们在做的过程中，能够体会到很多的快乐，并且能够实现自我价值，对于结果的成败，他们一般不是那么在乎。他们信奉的人生信条就是努力做了就无愧于心。平日里他们看起来显得比较散漫，可一旦有事情发生，他们往往能够以最快的速度调整自己，积极地投入其中，这种人往往有很强的耐性。

喜欢表演的人，一般有着相当细腻的情感，他们希望能够尝试不同的角色，体验各种各样的生活。除此外，他们的想象力还应该特别的丰富，这样他们才能把不同的角色揣摩到位，表演得惟妙惟肖。但是这一类型的人，他们有些富于幻想而不切合实际，经常沉溺在幻想的世界中难以自拔。

喜欢木工制品的人，一般动手能力都是比较强的，他们凡事都希望能够自己解决，而不依赖别人。这种人的自尊心比较强，依赖别人会使他们的自尊心受到伤害。他们的自信心较强，坚信自己能成功。另外，他们对于新事物的接受能力比较快，敢于冒险，喜欢接触新奇的事物。

从亲吻部位识别男人

亲吻是恋人之间表达爱意的一种方式，但是你可知道，亲吻不同的部位有着不同的意义。看一下下面的分析，你就会知道你们的恋情进展到哪一步了，也能更清楚地了解眼前的这个男人。

1. 亲吻嘴部

这是最常见的接吻部位，这种男人对爱情很专一，吻了对方就说明他们已经认定了她就是一生的最爱。这种人有很强的道德观，能够严于律己，很少能做出出格的事情。

2. 亲吻头发

在爱情上，这种人是一个"醋坛子"，忌妒心很重，具有很强的占有欲。他们对爱情的追求太过固执，有时候为了自己的感受可能会伤害到对方。属于比较狂热的人，缺乏理性。

3. 亲吻额头

这样的人比较温柔，同时也积极向上，对生活充满热情，有着良好的人际关系。这样的人对待爱情可能不外露，但绝对是发自内心的爱。

4. 亲吻眼睛

这种人是爱情至上主义者，可以不惜一切为爱情牺牲，情人在他们眼中是最重要的。这种人感性大于理性，但是一旦认定了某件事情，他们就会锲而不舍地去追求，直到成功为止。

5. 亲吻鼻子

这种人期望着与异性发生更为亲密的关系，他们一般有双重个性，而且很贪玩，对待事业不那么在意，没有踏踏实实的精神。

6. 亲吻脸颊

这种人性格平和，比较豁达，一般不喜欢招惹是非。他们比较重视感情，能够始终忠于爱情。但因为他们比较真诚，一般也比较容易受骗。

7. 亲吻耳朵

这样的人比较善解人意，他们能够设身处地地为别人考虑，很容易了解别人的心事和痛苦。在感情上，他们敢爱敢恨。在事业上，这种人比较有手段。

8. 亲吻脖子

这样的人对爱情一般不专一，容易三心二意。他们本身不相信会有天长地久的恋爱。但是，他们却常常要求对方绝对忠诚于自己。

9. 亲吻肩部

这种人内心比较孤独，需要别人的安慰和关心。但是他们比较善于隐藏，即使内心无比渴望安慰，也从来不会轻易表达出来。

10. 亲吻手臂

这种人比较有心计，他们善于寻找人生的机会。通常情况下，他们先去试探别人的反应和需要，以此作为下一步行动的指导。

11. 亲吻手背

这种方式比较绅士，同样也包含深情。这种人非常懂得女人的心理，是情场上的高手。在事业上，这种人也很善于分析形势，并采取相应的措施。

12. 亲吻手心

这种人很渴望得到对方的真心，希望这一段爱情能够修成正果。在工作上，这种人目的性很强，重视结果。

13. 亲吻脚和脚趾

这是一种非常尊重对方的方式，这种人通常会把对方当成生命中最重要的人物。在爱情中，他们付出的比较多，为了获得对方的心常常会委曲求全。

当然，恋爱是一门高深的学问，如何看准你的另一半是需要长时间的多方面的考察，要是仅仅从亲吻这一项来下结论未免失之偏颇，所以，只能说是一个方面，仅供参考。

名片背后的人物性格

社交场合，名片是一个人的象征，一张小小的名片，能够让你结交到更多的朋友。每个人都希望自己好友遍天下，所以一张符合自己需要的名片是必不可少的。名片虽小，但其花样极其繁多。所以，从名片的种种细节方面来看，也能了解一个人的内心世界。

1. 喜欢在名片上附家里地址和号码的人

在名片上附加自己家里的住址和电话号码的人大多是具有较强的责任感的，他们非常热爱工作，把工作当成自己的事业，如果在下班时间，只要是工作，也可以通过名片和他们在家中商谈，尽快把事情解决。

与此相反，许多人为了逃避工作上的麻烦，在社交场合一般不愿透露自家的地址和电话，这种人比较重视私人空间，工作对他们来说就是养家糊口的手段，不可以和自己的个人生活混在一起。

2. 喜欢在名片上印绰号和别名的人

在名片上印有绰号和别名的人，大多都有一定的叛逆心理，做事喜欢与众不同，因此常无法与其他人合拍。他们为人处世一般时候是比较小心和谨慎的，但常常会有一些无端的猜疑，既不相信别人也不相信自己。这种极度缺乏不安全感的心理，让他们在遇到挫折和困难的时候，缺乏足够的信心，总是想妥协退让。另外，这种人责任心不强，不出事的时候还好，一旦出了事马上就想把责任推得一干二净。

3. 喜欢在名片上用粗大字体印自己名字的人

喜欢在名片上用粗大字体印上自己名字的人，大多有着强烈的表现欲望，他们总是不时地强调自己、凸显自己，希望成为众人的焦点。他们有着强烈的功利心，野心勃勃，但在为人处世上，他们却表现得相当平和，具有绅士风度。这种人比较有心计，善于隐藏真正的感情和目的，所以他们的外表和内心经常会相当不一致。他们能够见机行事，懂得把握分寸，使一切都恰到好处。

4. 喜欢持不同名片的人

同时持有两种完全不同的名片的人一般有着旺盛的精力，对待工作非常有热情，同时也还具备一定的能力和实力，可以同时应付几件事情。与一般人相比，他们的思维和眼光要较开阔一些，能够看得更远一些，策略和想法也都是深谋远虑的。这种人有着强烈的好奇心，兴趣广泛，见多识广，所以他们懂很多别人不懂的东西。另外，他们具有非凡的创造力，常会想出一些好点子来解决遇到的难题。

5. 喜欢见人就递名片的人

有一种人不分时间、地点和场合，见到人就递自己的名片，这种人大多有十分强烈的表现欲望，他们喜欢把自己摆在一个相当显眼的位置上，让所有人都能看到，这让他们有一种受到重视的感觉。见人就发名片，从这种行为上我们可以看出，这种人把自己的名片很大程度上是当成了宣传单在使用。他们大多都野心勃勃，但他们善于隐藏，很少轻易表露自己的这种心思，在一言一行上都显得小心翼翼。

6. 喜欢不经意地掏一大堆别人名片的人

有些人经常若无其事地掏出一大堆别人的名片，其实他们的目的非常清楚，就是向别人炫耀自己，让别人羡慕自己交友众多，希望他人能够对自己另眼相看。

这种人常常以自我为中心，自以为是，自我意识比较强。他们有一定的社交能力和组织能力，具有不错的口才和充沛的精力，如果能够放下这种浅显的虚荣心，成功的概率还是比较大的。

7. 喜欢在名片上加亮膜的人

有的人喜欢在名片上加亮膜，这样能够让名片看起来具有光滑的效果，这种人从外表上看起来多显得热情、真诚和豪爽，与人相交十分亲切和善，但是你不要被这种表象蒙蔽。因为这可能只是他们交往中惯使的一种敷衍手段，实际上这种人大多虚荣心非常强烈，他们在内心中极度渴望受到别人的重视，一旦自己有什么优点或者成就，就急于让别人知道。

8. 喜欢用轻柔质感材料制名片的人

喜欢用轻柔质感的材料制作名片的人，通常都具有很强的审美观念。他们不太轻易与人发生争执，讲究以和为贵。在大多数情况下，他们都不想去记恨对方，都会尽力去原谅对方。他们比较富有同情心，会经常去帮助和照顾他人。但这种人的缺点是不够坚强，意志薄弱，常经受不住挫折而半途而废。

电话本背后的内心世界

电话记录本是专门用来记载联系人的电话地址及平日约会时间的，通常会按照亲人、朋友、同事、合作伙伴等进行分类。根据观察，不同性格的人会采取不同的方法去使用电话记录本。通过一个个使用方法各异的电话本，我们能够发现它们的主人有着截然不同的个性和心态。

1. 随身携带的电话本

很多人喜欢随身携带电话本，这种人一般是小心谨慎的人，他们做事、做人都比较循规蹈矩。这种人不太相信自己的记忆能力，总是担心在找人时会把电话号码搞错。但是，这种人比较会用人，为人处世上比较高明，知道当自己遇到困难时应该找什么样的人来帮忙。

他们一般接受朋友的帮助比自己帮朋友的要多，因为他们总是有一种危机意识。他们认为这个社会充满险境，难于找寻自己的道路。一旦遇到点困难，就希望别人能伸出援助之手。谁都不喜欢和一个有依赖性的人长久相处的。因此，有些朋友会主动疏远这种人，他们或许厌倦了照顾他，而且又得不到他们的回报。当这种人独自面对困难或者挫折的时候，他们就会感到孤立无助，就会感叹世道艰辛而怨天尤人。有时候，他们也会察觉自己软弱的性格，但他们天生缺乏毅力，没有勇气和能力去改变自己的性格。

2. 只记录地址及电话的记录本

这种人的电话本很简单，通常只记录地址及电话，而且使用的时候不会删除旧的，即使这个人已搬走或已不复存在了，但他依然把它留在原来的位置。所以，他们的电话记录本，表面上看起来认识的人非常之多，但实际上经常联系的却很有限。

这种类型的人大多感情专一、不忘旧情、比较怀旧，是个重友情的人。但这也说明这种人具有宁愿别人负我，而我不负别人的处世性格。他们不太计较得失成败，他们只是按自己的方式去生活和工作，一般不会被别人的想法所左右。

在工作中，他们只是专心致志地干好自己的本职工作，一般不听别人的闲言碎语。这种人一般学有所长，而且老实本分，深受上司和同事们的赞赏，同时对别人也不构成任何威胁。在生活方面，他们是家庭观念特重的人，对亲人非常重视，沉浸在家的温馨之中，希望自己的家庭牢不可破。所以，从根本上来说，这类人比较传统。

3．公司免费送的电话记录本

有些人经常使用公司免费送的电话记录本，这种人通常比较随便，在社会上走动，就像进入旅店一样方便、自由，从来没有不自在的感觉。从这一点上能看出这种人的流动性很大，可能时常搬家或者跳槽，能够在很短的时间内结识新朋友而遗忘旧朋友。这种人跟前一种人正好是相反的类型。

他们一般凡事不求深度，得过且过，面对问题时，只要不使自己处于被动，随便把它解决就行了。换句话说，这种人宁愿追求多种经验，也不肯在一件事情上花费太多的精力。

由于这种人比较灵活，他们比较能适应这个竞争的社会。在社会中，他们能够顺其自然地处理好自己的各种关系，他们对生活和职业的希望不是很大，一般没有什么雄心壮志，比较容易满足。在生活中，他们的原则是简单、直接、方便，就好像那本免费赠送的电话本，没有什么东西是至关重要、无可替代的。

这种人是一个及时行乐的人，同时也知足常乐。他们有能力为自己争取所需要的东西，并且他们不会去追求自己得不到的东西。总体来说，这类人比较有自知之明。

4. 名贵电话本

喜欢使用名贵电话本的人大多比较注重外表和修养，崇尚物质欲和社会地位，他们大多喜欢抛头露面，以期得到别人的关注。一般情况下，当他们把别人的电话及地址记录下来后，他们会认为这个人是个可以信赖的人，并愿意与之发展进一步的关系。

他们比较重视生活中的每一个细节，处世态度一般较为谨慎，对自己要求甚严，同时也希望别人实事求是，有时也会有人误解他们，觉得他们是装腔作势、表里不一的人，这也属正常，因为他喜欢把自己的标准强加到别人的身上。

在工作中，他们非常注重效率，能够快速地从自己的电话本中找到需要联系的人。另外，这种人对朋友非常热情，经常会检查自己的电话本，看看是否长时间没有跟朋友联络了。

5．经常更换的电话本

有些人喜欢经常更换电话本，这类人大多是注重实际，生活得比较现实的人，他们对处理任何事情都要加以选择，情感跳跃性比较突出。在电话本的使用上，差不多每到一定的时候，他们都要更换电话本。当他们将友人的地址电话重新抄写时，会删除一些，同时也会增加一些新东西。从这点我们可以看出，这种人在不断地检讨自己的行为，审视自己一段时期以来的人际关系，而他们所采取的立场是现实的，也是符合实际需要的。

一般情况下，他们都会将认为重要的人或者能够帮助自己的人记录在电话本上，而一些他们认为不需要或无足轻重的人，就会根据情况的变化在电话本上进行删除。他们对待人际关系也是同样的实际，会主动地跟一些对自己有价值的人交往，而对自己没有价值的人，他们通常情况下不予理睬，因为这种人不喜欢把自己有限的、宝贵的精力浪费在不

第三篇　察其态

能给自己带来价值的东西上。

6．电子记录本

使用电子记录本的人大多具有超前的意识，他们相信科学合理的东西，认为未雨绸缪是办好一切事情的基础。这种人对新鲜的事物比较敏感，在许多人尚未懂得电子记录本的时候，他们就早已淘汰了别人正在使用的款式，而正在使用最新研制成功首批投入市场的新产品了。

大多数情况下，他们都会把生活和工作安排得井井有条，把属于自己的事情安排得井然有序。同时，这种人很守时，当和别人洽谈事务时，他们决不迟到，因为他们不喜欢把时间白白浪费掉。有时候，这些程序化性格会让别人觉得他们过于沉闷，但是他们不会因为别人的质疑而去改变自己的生活方式，他们坚信自己的选择。

在人际交往中，朋友一般都比较信赖他们，认为这种人诚实可靠，一点儿也不虚浮，但有时也会觉得他们沉闷、难以接近。

7．没有电话本

现实中确实有这样的人，他们不使用电话本，或者本来就讨厌这类玩意，而只是将朋友或重复的电话地址以及约会时间写在零散的纸张上，比如办公纸、信封的背面等。

总体上来说，这种人是属于洒脱、浪漫的人，即使天塌下来也会觉得无所谓；他们坚持及时行乐的原则，很少为未来的事情烦恼；从另一方面讲，这种人为人处世杂乱无章，毫无细致的安排，有时候为了寻找一份文件或一个电话号码，他们可能会把整个房间翻它个底朝天。

在工作中，他们也是同样的没有条理，写字桌上堆满了乱七八糟的东西，最重要的又很可能被埋在最下面，或者被扔进了纸篓里面。从这点来讲，这种人一般很难被委以重任。

在生活中，这种人的随便也导致其家居状况杂乱无章、毫无秩序。但是，这种人比较自得其乐，烦恼的事情比较少，平时生活得开开心心。

从宠物和收藏品了解对方

小区里公园中，我们经常可以看到一些人牵着自己的宠物或是携带自己的玩偶，这其中除了一部分老年人以外，也有不少年轻人。从心理学的角度来看，人们会把自己的某种满足不了的心理需求转而寄托在喜爱的玩偶和喜欢的宠物上。因此，通过一个人喜欢的玩偶和宠物，我们可以了解一个人的心理。

1. 喜欢养狗的人

喜欢养狗的人通常性情比较温和，往往遵循一般的行事准则，很少特立独行。他们大多属于外向型，性格活泼开朗，很容易就与人打成一片，因此交际能力较强，给人留下爽朗、富有人情味、敏感、坦诚的印象。但是这种人一般喜怒形于色，不善于隐藏自己的真实感情。如果他心里有什么情绪变化，会立即表现在脸上或言行举止上。

有的人喜欢养外形丑陋的狗，他们大多对自己的容貌缺乏信心；有的人喜欢养大型狗，这种人虚荣心强；有的人喜欢养名狗，他们大多具有歇斯底里的性格，而且表现欲较强；还有的人只养东洋犬而不饲养其他品种的狗，这样的人大多喜欢独断独行，凡事好猜忌。

2. 喜欢养猫的人

喜欢养猫的人都比较独立，不喜欢依赖别人，他们一般不随便附和他人，勇于坚持自己的想法。这种人大多属于内向型性格，喜欢独处，不善于对人表露感情，极少会向人敞开心扉。在交际场合，经常给人留下内向、不善交际、怪僻、冷漠、矫饰的负面印象。但是他们一般对自己严格要求，认定的事情就一定要坚持到底。

3. 喜欢养鸟或鱼的人

喜欢养鸟或鱼的人，大都比较孤独，他们希望通过爱护这些宠物来排解心中的孤独，营造一个完全属于自己的世界。这种人比较封闭，对于日常的人际关系相当厌烦，不善交际，给人一种不合群、性格孤僻的印象。工作中，这种人也不善于和同事合作，是职场中的"独行侠"。

4. 注重荣誉感的人

很多人喜欢珍藏自己以前的荣誉，比如奖杯、奖状等，这种人通常是对自己的现状不满，但又无力改变。他们只能依靠回忆过去的光荣历史来安慰自己。这种人适应能力较差，来到一个陌生的环境，他们的思维还停留在过去，不懂得根据实际状况改变自己、提高自己，无形之中，原本优秀的自己也变得平庸了。

5. 喜欢携带父母所送礼物的人

喜欢将父亲送的礼物随身携带的女性恋父，经常将母亲送的礼物随身携带的男性恋母。人在童年时期，由于和父母接触的时间较长，长大后或多或少还会有一定的依赖心理，严重的就是产生这种恋父恋母情结。与这种人最好不要发生冲突，因为这种人善于记仇，心理承受能力差，经常是久久难以化解。有恋父情结的女性在婚后，婆媳之间的相处也会经常产生芥蒂。有恋母情结倾向的男性，则容易与妻子发生冲突。

听其言

　　说话是人们日常交流的主要方式,人们的思想、态度和观念通过语言传递给彼此,进而让我们对别人产生一定的印象。言谈中有真有假、虚虚实实,要想从谈话中识破对方的心机,了解其性格,除了仔细聆听和观察外,还要掌握一定的技巧。你有没有留意过他惯用的口头禅,有没有注意他语速和音调上的变化,这些看似不经意的小细节里面其实大有文章。只有既听懂他的话中之意,又理解其弦外之音,从中考察出他是否在说谎,以及话语背后的心理动机,才能更深入地了解他人的性格,成为一个阅人高手。

第七章　言谈中听出来的个性

言谈话语解性情

每个人都是独特的，有着不同的特性气质，这些性情上的不同体现在平时的做事上和与人交往中。通过一个人的言谈话语，我们能够看出关于他性格上的一些东西。我们大致可以将人分为九种类型。

1．说话温柔的人

说话温柔的人一般性格柔弱，不争强好胜，权力欲望平淡，与世无争，不轻易得罪人。他们的缺点是意志软弱、胆小怕事、底气不够、怕麻烦，对人对事采取逃避态度。如果能磨炼胆气、知难而进、勇敢果决而不退缩，就能改正自己的缺点，就能获得不小的成就。

2．讲话平缓的人

讲话平缓的人通常性格优雅，为人宽厚仁慈。他们的缺点是反应不够敏捷果断、转念不快，属于细心思考的人，有恪守传统、思想保守的倾向。如能让自己变得更加果断，对新生事物持公正而非排斥态度，性情就会变得从容平和，给人一种成熟稳重的良好印象。

3．说话快、词汇丰富的人

这种人大多有着广博的知识，言辞激烈而尖锐，对人情世故理解得深刻而精当，但由于人情事理的复杂性，又可能形成条理层次模糊混沌的思想。这种人有一定的能力，做力所能及的工作，完全可以让人放心。一旦超出能力范围就显得慌乱，无所适从。这种人反应很快，接受新生事物的能力强。

4．百事通

这种人似乎什么都懂，知识面宽，随意漫谈，经常也能旁征博引，各门各类都可指点一二，显得知识渊博、学问高深。但实际上这种人脑子里装的东西太多，系统性差，思想性不够，一旦面对问题，可能抓不住要领。这种人的缺点在于他能想出很多主意，但都答不到点子上去。如果能学会深刻地分析问题，直接把握实质，会成为优秀的、博而且精的全才，取得耀眼的成就。

5．仗义执言的人

这种人通常会在言辞之间表现出仗义执言、公正无私的精神，他们大多不屈不挠、原则性强、是非分明、立场坚定。缺点是处理问题不善变通，为原则所驱而显得非常固执。由于这种人比较公正，因此在很多事情和场合中能主持公道，往往受人尊敬。

6．夸夸其谈之人

这种人喜欢胡吹海捧，看起来懂得很多，他们一般不大理会细节问题，琐屑小事从不挂在心上。这种人的优点是考虑问题宏博广远，善于从宏观、整体上把握事物，大局观良好，往往在侃侃而谈中产生奇思妙想，发前人之所未发，富有创见和启迪性。但是他们的缺点也不少，他们一般不太谦虚，虽然知识、阅历、经验都广博，但没有非常深入，属于博而不精的一类人。另外，理论缺乏系统性和条理性，阐述问题不能细致深入，由于不重视细节，导致做事情总是破绽百出，给后来的灾祸埋下隐患。

7．满口新词、新理论的人

这种人满口新词、新理论，对新生事物接受能力强，一旦学到新鲜言辞就能在日常生活中运用，而且有跃跃欲试、不吐不快的冲动。他们的缺点是没有主见，不能独立面对困难并解决，容易反复不定，左右徘徊，比较软弱。这种人如能沉下心来认真研究问题，提高自己，锻炼心智，很容易成为工作中的优秀人才。

8．寻找弱点攻击对方言论的人

这种人通常气量比较小，不能宽容地对待别人。他们言辞锋锐，抓住对方弱点就严厉反击，不给对方回旋的机会。他们分析问题透彻，看问题往往一针见血，甚至有些尖刻。由于他们一直致力于寻找和攻击对方弱点，可能忽略了从宏观、总体上把握问题的实质与关键，有的时候甚至舍本逐末，这样容易导致他们钻牛角尖。

9．热衷于标新立异的人

生活中，这种人总是喜欢特立独行，引领风尚。他们一般独立思维好，好奇心强，敢于向权威说不，敢于向传统挑战，开拓性强。他们的缺点是不够冷静思考，做事情容易偏激，不被世人理解，成为寂寞英雄。但是他们的想象力丰富，可以利用一些奇思妙想做一些创新性的事。

语速和音调透视人的内心世界

音乐是一种奇妙的东西，不同的速度和音调能够奏出不同的旋律，轻松的、沉重的、浪漫的、温情的……其实人们的语言也是一种音乐，看看我们周围的人，每个人说的话都有自己的特色，语速不同，音调不同。由此，我们对声音的发出者也产生了不同的印象。

人们大部分的交流都是通过语言，在言谈中可以看出一个人的态度、感情和性情。固然，言谈的内容是表现的主体，但言谈的速度、语调、抑扬顿挫，以及润饰等，也能够影响谈话内容的效果。经由这些因素，我们往往在无意中表现出所谓的言外之意。而听者也会设法通过这些因素来试图理解对方的心思。言谈可以平铺直叙，也可以带有弦外之音，只要我们能够仔细揣摸，把握语速和语调，便不难看出其端倪，了解说话人真正的意图。

人的声音会随其心情的变化而变化，因此，内心清顺畅达时，就会有清亮和畅的声音；内心平静声音也就心平气和；内心斗争激烈之时，就不免有言语偏激之声。这样，我们就可以从一个人的声音里判断这个人的内心世界。

在说话的几个要素中，语速是重要的一个。速度快的人，大都能言善辩；速度慢的人，则较为木讷。这些都是每个人固有的特征，依人的性格与气质而异。在心理学中，从与平时相异的言谈方式中了解对方心理是心理医生常用的诊疗方法。

1. 从言谈的速度上把握对方的心理

通常情况下，当言谈速度比平常缓慢时，表示不满对方，或对对方怀有敌意。相反，当言谈的速度比平常快速时，表示自己有所隐瞒或者做错了什么事，心里愧疚，言谈内容就会有虚假的嫌疑。

根据心理学的分析，这种情形是因为，当一个人的内心有不安或恐惧情绪时，言谈速度便会变快。用比较快的速度讲述不必要的多余事情，这是在试图排解隐藏于内心深处的恐惧。但是，由于没有足够的时间让他理清思路，所谈话题就不免内容空洞。出现这种情况的人，我们不难发现其心里不安状态。

职场中，如果你是一位管理人员，你的员工如果语音上有这种反常行动，说明他可能做错了事情或者有所隐瞒，一定要引起密切的注意。

2. 从言谈的音调中可了解对方的心理

一位音乐家曾经说过："当一个人想反驳对方意见时，最简单的方法就是拉开嗓门提高音调。"的确如此，人总是希望借着提高音调来壮大声势，并谋略压倒对方。

音调与说话的速度一样，都可以呈现说话人的性格特征。音调高的声音，是幼儿期的附属品，为创造性的表现形态之一。通常情况下，年龄越大，音调会随之相对地降低。随着一个人心理上的逐渐成熟，他慢慢就具有了抑制"创造性"情绪的能力。

但在现实生活中，有些成人音调确实是相当高的。这种人的心理，便是倒回幼儿期阶段了，这样的人无法抑制创造性的表现，出现这样的情况，他们也绝对无法接受别人的意见。

语调的抑扬顿挫，对一个人的外在表现非常重要，平铺直叙的人讲话毫无特色，不能吸引人；而讲话抑扬顿挫的人，则会把事情描绘得有声有色。

3．从言谈的韵律了解对方的心理

除了音速和音调之外，语言本身的韵律在言谈方式中也是重要的因素。研究一个人的言谈韵律可以看出一个人的性格特征。通常情况下，说话比较缓慢的人，大都是性格沉稳之人，他处世做人是通常所说的慢性子。

缺乏自信的人，或性格软弱的人，讲话的韵律则慢慢吞吞；充满自信的人，谈话的韵律为肯定语气。还有这样的现象，有人在讲一半话之后说："不要告诉别人……"然后继续悄悄说话。此种情况多半是秘密谈论他人闲话或缺点，但实际上他们内心里却又希望全天下都知道。

讲话冗长，一件简单的事情须相当时间才能告一段落，这种情况说明谈论者心中必潜在着唯恐被打断话题的不安。也只有这种人，才会以盛气凌人的方式谈个不休，他们其实希望尽快结束话题交谈，但这种人有害怕受到反驳的心理，所以试图给予对方没有结果的错觉。另外，经常滔滔不绝谈个不休的人，一方面好表现自己，一方面目中无人，这种类型的人以性格外向的居多。

一般说来，内心诚信的人，说话声音清脆而且韵律清晰，这是心胸坦然的表现；内心不诚实的人，说话声音支支吾吾，不成韵律，这是心虚的表现；内心宽宏柔和的人，说话语调温和如水，好比细水之流，舒缓有致；内心卑鄙乖张的人心怀鬼胎，因此声音阴阳怪气，听起来不免觉得刺耳。

一个成功的政治家和企业家，大多善于演讲，他们在控制言谈的速度、音调和韵律方面都有独到之处。细节决定成败，他们从平时的讲话到接受采访，都会注意让谈话富有情趣，这让他们赢得了下属或社会的认可与尊重。

通过人的话语能够探知其性格，所以我们平时要注意观察一些异常情况。有些人平日能言善辩，但有时候忽然结结巴巴地说不出话来。还有些人平时讲话木讷不得要领，却突然滔滔不绝地高谈阔论。遇到这种情况，我们应小心谨慎，这种反常的表现告诉我们他们的内心肯定起了什么变化，需要我们谨慎对待。

谈话中检验对方的伪劣

生活中，我们会碰到这样一种人：他们很善于说话，巧舌如簧，口吐莲花，说的是天花乱坠，让人不得不信服。可是等到你真正按他说的去做了以后，你才发觉根本不是他说的那个样子。这个时候，你非常气愤，但除了骂他一声"冒牌货"之外，也不能做什么了。很多人都曾经被别人的话语所蒙蔽，上当受骗。其实，再高明的"冒牌货"也不会把话讲得真的天衣无缝，只要你仔细分析一下，是不难发现其中的猫腻的。

下面我们通过分析六种比较典型的说话者，以帮助大家学会辨别其谈话的真假。

1．滥竽充数者

大家都听说过"滥竽充数"的故事，其实在生活中也不乏这样的人。他们有一定的生活经验，知道如何明哲保身，维护个人利益，他们总是在别人后面发言，因为讲大家已讲过的观点和意见是最保险的。如果这种人还善于将之整合成自己的东西，也是一种手段，不仅没有抄袭之嫌，反而会让人感觉他见解独到。

这样的人一般只求混碗饭吃，并不会对社会造成多大损害。而且这种人比较听话，让他朝东他就不敢向西，属于那种既没本事也没脾气的人。有时候，我们也不免同情其能力低下、性格懦弱。

在平时与人交谈中也是如此，他们不敢得罪任何人，更不可能主动与人争辩。他们一般没有主见，即便有，也没有勇气公布于众。由于这种人的危害性比较小，所以比较让人放心，但是作为管理者，要小心图谋不轨的人伪装成这种人。

2．避实就虚者

这种人有一点儿小聪明和一小点儿才干，但却不能真正完成某项重大的任务或者使命。他们平时遇到什么任务都是让手下代劳，自己乐得轻松。当面对现场办公这样实质性的挑战时，因无法蒙混过关，他们就很圆滑地采用避实就虚的技巧处理。在交谈当中，只要涉及实质性的问题，他们总是支支吾吾、含含糊糊，环顾左右而言。这种人一般不敢拍板表态，唯恐出什么乱子而牵扯到自己。因为这种人做事情从来不脚踏实地，让真正了解他们的人感到不稳当。

3．华而不实者

这种人外表上给人良好的印象，口齿伶俐、能说会道、口若悬河、滔滔不绝。大多数人会以为他们是知识丰富，又善表达的人才。但情况并非都是如此，必须要分辨他是不是华而不实的人。华而不实的人，往往善于言谈，很多时候也能将许多时髦理论、名词挂在嘴上，以此来迷惑许多识辨力差、阅历浅的人。但在真正博学的人眼中，这种人看起来吹得天花乱坠，实际对任何一件事都说不到点子上。

4．鹦鹉学舌者

鹦鹉既没有人的思维，又没有鸟的歌喉，只能学人说话。鹦鹉学舌者自己本身没有什么思想见解，但他们听到别人的理论后，就转过来另向其他人宣扬，而且故意不注明出处，让别人误解是自己深刻思考的结果。这种行为实际上是一种剽窃，但是因为只是口头上的，法律对此也无能为力，所以很多人就采用这种方法到处骗人。

这种人虽然独创能力不强，但是却有很强的模仿能力，用人者可利用这一点为己所用。

5．貌似博学者

这样的人多少有一些才华，平时涉猎广泛，但并没有专精于一门学问，只不过是泛泛而谈。他们看似博学多才，实则不能胜任某样具体的工作。这种人可能智商较高，但却因为这样或那样的限制，终未能更上一层楼，去学习更精专、更广博的东西。学习是有黄金年龄的，如果当时不好好把握，虽有学习提高的愿望，但已力不从心，最终不能取得真正的进步。有些人则是那样的深造环境，但是由于其意志力薄弱，不能塌下心来好好学习也只能得到一些新知识的皮毛。如果这种人是自身命运的悲剧，还不致为害，尚可谅解。貌似博学的人最擅长招摇撞骗，这一点大家一定要警惕。

6．不懂装懂者

生活中有不少不懂装懂的人，这种人之所以这样做完全是因为爱面子，怕人嘲笑。但这种不懂装懂会给社会带来恶劣的影响。有的人不懂装懂，是为了讨好某人而阿谀奉承。有的人不懂装懂，是因为形势所逼或虚荣心作祟，无论哪一种，都是一种不道德的行为，一旦被揭穿，必定颜面无存。

这种人缺乏当领导的能力和气度，当副手还差强人意。领导者可利用其喜好装聋作哑、装疯卖傻的特点来融洽、缓和同事之间和上下级之间的人际关系，但要注意防止给集体造成损失。

闲谈之中看心态

从语言密码中破译他人的心态，闲谈是了解他人的一种最好的方式，整个氛围显得轻松愉快，又让他人心理上没有防线。

与人谈话时，一些见识浅薄、没有心机的人就会很容易地把自己的不满情绪倾诉给你听。对于这种人，你不应和他保持更深更多的交往，只需当做一个普通朋友就行了。

如果说与别人刚刚认识，交往一般，而对方就忙不迭地把心事一股脑儿地倾诉给你听，并且完全是一副苦口婆心的模样，这在表面上看来是很容易令人感动的。然而，转过头来他又向其他人做出了同样的表现，说出了同样的话，这表示他完全没有诚意，决不是一个可以进行深交的人。这种人对一切事物都没有什么深刻的印象，千万不要附和他所说的话，最好是不表示任何意见，只需唯唯诺诺地敷衍就够了。

另外，还有一类人，他们唯恐天下不乱，经常喜欢散布和传播一些所谓的内幕消息，让别人听了以后感到忐忑不安。其实他们这样做的目的是为了引起别人的注意，满足一下他们不甘久居人下的虚荣心。他们并不是心地太坏的人，只要被压抑的虚荣心获得满足之后，天下也就太平了。

善于倾听的人，其表现的是支配者的形态，此类人的谈话从不涉及自身的事情，或有关自己身边人的话题。他们的话题反而是涉及他人的某些琐事，或对方的隐事秘闻，甚至对他人的一举一动或每条花边新闻都捏着不放手，这是完全彻底地侵犯他人的隐私。

从男女情况的角度而言，表示你很关心对方，或者极度热爱对方，因为你是个忠诚的倾听者。

像这样的倾听者，十分喜欢把话题的重点放在跟自己完全无关的人、名人、歌舞影星的花边新闻轶事方面，这说明他的内心存在一种起支配作用的欲望。

由此可以得出，此类人沉迷于闲谈名人或明星风流事，同时也说明此类人很难拥有真正的知心朋友。这类人或许是由于内心生活非常孤独，没有生命的激情。一个人过于关心自己不太熟悉的事情，并且非常热心去谈论它们，都是表示他们内心世界的空虚和孤独。

在日常生活过程中，还有一类人，他们无论在怎样的场合，与他人交谈的时候，都习惯把话题引到自己的身上，吹嘘自己当年怎样奋斗的经历。唯恐他人不了解他的光荣历史，而结果，并不像他想象的那样好。

实际上，从某个方面来分析这类人，不难发现他是一个对现实不满的人，虽然他没有用怨恨的语言倾诉他自身的想法，相反却用自我表现的方式表达出来。

其实，他还不知道这种自我吹嘘的言谈很难适应时代的变化。或许他是个不折不扣的失败者，完全靠怀旧来过生活。

不过，可以看出他的确陷入到某种欲求不满的环境中，或许他的升职途径遭受到阻碍，或者无法适应目前所处的环境。因此，他希望忘却现实，喜欢追寻往事来弥补目前的境遇。

这是一种倒退的现象，因为眼前的情况是如此的残酷，由此，他仍用梦幻般的表情来谈。从他的话题里，别人会发现他的内心深处正潜伏着一股无可救药的欲求和不满的情结。

分析一个人内在表现的时候，他的潜在欲望不但隐藏在话题里，也存在于话题的展开方式上。在聚会上，大家彼此正在交谈时，突然有人竟然不顾别人的谈话，而突然插进毫不相干的话题，这是相当令人讨厌的方式。

有些人在与别人谈话的时候，常常会把话题扯得很远，让人摸不着头绪，或者不断地变换话题，让人觉得莫名其妙。这说明此类型的人有着极强的支配欲和自我表现意识，在他的意识中，很少把别人放在眼里，而完全摆出我行我素的模样，让别人都去听从他的主张，以他的意见为主导。

一般说来，一个政府官员或一个企业的领导，都会有滔滔不绝的谈话习惯，其实，透过这种表面的现象，可以看出他担心大权旁落的心理状态。也可以说，他是一个喜欢占据优势地位的人。

话题的内容不断变化固然是个好现象，但谈得离谱，一切显得毫无头绪的样子，那就会使听众感到索然无味。假如他是个普通人，总谈些没有头绪的话题，或者不断改变话题，东拉西扯，那就表示他的思想不集中，给别人留下支离破碎的印象。这说明他是个缺乏理性思考的人。

一个优秀的谈话者，是很少谈及自己的事情的，而是将他人引出来的话题整理、分析，不断地从对方身上吸取有用的情报或观点。在一般情况下，有的人将全部注意力放在倾听别人的谈话上，从性格上来看，这一类型的人容易理解别人的心思，而且具有宽容的精神，有真正的君子风度。

常常使用与英文连接词"and"意义相当的词如"嗯……还有……"、"这些……"、"那些……"的人，表示他的话不能有条理地进行，思绪无条理，思考无头绪。但即使使用同样的连接词，经常用与"but"意义相当的"但是……"、"不过……"的人，一般可以认为其思考力较强。当他们在讲话的时候，脑子里还会浮现相对语以求过滤求证。所谓的能言善辩、头脑敏锐的人，就是指此类人。但是假如此种语调反复出现多次，其理论也随之翻来覆去，迫使对方紧随不舍，在不知不觉中被别人牵着鼻子走，失去了招架之力。

经常使用这种表现手法的人多数比较慎重，也正是这个原因，说话时难免会出现时断时续的情况，只好在重新整合之后才可以继续说下去，这是一种缺乏自信心的表现。

宋代文学家苏东坡，他极具有语言的天赋，雄辩无碍的他却十分注重别人的谈话。有时和朋友在一块聚会，他总是能静下心来，听朋友们高谈阔论。在一次聚会中，米芾问苏东坡："别人都说我癫狂，你是怎么看的？"苏东坡诙谐地一笑："我随大流。"众友为之大笑。即使是朋友之间不同的观点，他也以"姑妄言之，且姑妄听之"的态度来对待。

爱发牢骚者是理想主义者

人生在世，不如意事十之八九，有的人一遇上不如意的事，不是怨天怨地，就是怨别人，于是终日满腹牢骚。喜欢抱怨的人，大多是满怀理想，他们总是给自己描绘未来的美好，成天沉迷于幻想的世界中，但是对于现实的问题，他们则一般采取漠视的态度。

世界上抱怨的人很多，其中又可以分成抱怨连连以及较少抱怨的类型。前者多属于追求完美的人，凡事都希望做得完美无缺，对人生对工作乃至对整个社会都抱有一种美好的幻想，但是现实毕竟是现实。当他们达不到理想的时候，自然也就开始牢骚不断了。

在工作与生活中，有些人总感到这也不顺心，那也不顺心，这个人对我不好，那个人对我不好，在他的世界中，都是别人对不起他，一切都是别人的错。他从来不反省是不是自己不够勤奋努力，从来不检查自己处理问题的水平有何欠缺，从来不检查自己的沟通方式是否不妥，他们只认准一个事实，就是自己太倒霉了。

这样的人，看到别人取得了进步，取得了成功，就会产生妒忌心理。他不会承认别人的长处，不会从别人身上去寻找别人的长处并且学习。相反，他总是用变色眼镜去把人家看扁，把人家的成功说成是幸运。这种人生态度实在不可取。

通常我们会认为满腹牢骚的人肯定是缺乏自信。其实不然，有很多人本身很有才华，但是因为这样或那样的原因，他们一直没有取得成功，他们并非缺乏自信。如果他们能够认清事实、正视自身的话，就可以少一点抱怨了。但是他们却总是充满自信地认为，自己的表现完美无缺，之所以失败是因为外界的原因。"我这么努力在做，可惜周围的人都是些不学无术之徒，一点忙都帮不上。"在他们的心目中，自己是最完美、不会出错的人，一切的错误只是出现在别人身上，是别人的错误导致了他的不成功。所以这种类型的人可以说是非常难相处的，在社交场合也不受欢迎。

因为爱埋怨，这些人的人际关系并不好，容易被别人所孤立，以致无法受到提携，结果就会增加他们的埋怨，形成恶性循环。他们希望身边有人在，可以有抱怨、吐苦水的对象，但谁都不喜欢当别人的垃圾桶。因此当身边那些受不了你抱怨的人，一个接一个地离开，只剩下自己孤单一人时，这个时候你再认识到自己的错误恐怕已经晚了。

但从另一个角度来看，正因为有这些会抱怨、敢批评的人存在，才能让人们更加努力追求完美。虽然这些老是抱怨的人让人反感，但在挑毛病、找缺点方面，却拥有傲人的才能，正所谓"忠言逆耳"，有时候不妨侧耳倾听，或许会有意想不到的收获。要是这个世界上没有这样的人存在，那所有的人都将安于现状、不求进步了。

从口头禅判断语言

一般来说，从一个人的口头语言就可以非常快速地了解他。因为口头语言是说话习惯的一部分，它是我们每个人在日常生活当中不知不觉就形成的一种特有的话语风格。从另一个角度来看，人们都会在不自觉的情况下使用自己的口头语言。

很多人说话时常常在无意之中高频度地使用某些词语，形成了人们所谓的"口头禅"，而这些语言习惯最能体现说话人的真实心理和个性特点。因此，只要留心，就可以从一个人的"口头禅"中窥见一个人的内心世界。

喜欢运用流行词汇的人热衷于随大流，比较夸张。这样的人独立意识不强，而且没有自己的主见，容易随波逐流。

喜欢运用外来语言和外语的人爱卖弄和夸耀自己，虚荣心非常强。

喜欢使用方言，并且还底气十足、理直气壮的人，自信心很强，富有独特的个性。

喜欢使用"这个"、"那个"、"啊"等词语的人说话办事都比较谨慎小心。这样的人就是我们所说的好好先生，他们对人对事都非常温和，决不会随便生气。

喜欢使用"最后怎么样怎么样"之类词汇的人，大多潜在欲望没有得到满足。

喜欢使用"确实如此"的人多浅薄无知，自己却浑然不知，还常常自以为是。经常使用"我"之类词汇的人，不是代表着软弱无能、总想求助于别人，就是虚荣浮夸，寻找各种机会表现自己，希望自身能够引人注目。

喜欢运用"其实"的人，表现欲较为强烈，希望能引起他人的注意。他们的性格大多任性偏强，而且非常自负。

喜欢使用"真的"之类强调词汇的人，大多缺乏自信，害怕自己所说的话无人相信。遗憾的是，他们这样再三强调，反而会更加引起别人的疑心。

喜欢使用"你必须"、"你应该"等命令式词语的人，多专制、固执、骄横，有强烈的领导欲望，并且永不满足。

喜欢使用"你看"、"我觉得"之类词汇的人，一般较和蔼亲切，待人接物时也能做到客观理智，冷静地思考，认真地分析，然后作出正确的判断和决定。他们不会独断专行，能够给予别人足够的尊重，同样也会得到别人的尊重和爱戴。

喜欢使用"我要"、"我想"、"我不知道"的人，大多思想单纯，爱意气用事，情绪不是十分稳定，会让人琢磨不定。

喜欢使用"绝对"这个词语的人，做事十分草率，容易主观臆断，他们不是太缺乏自知之明，就是自我意识太强烈了，让别人很难接近。这种喜欢说"绝对"的人，大多有一种自爱的倾向，有时他们的"绝对"被人驳倒之后，为了隐瞒自己内心的不安，总要找一些理由来加以解释，总想让自己的东西被人接受。其实，别人不相信他们的绝对，他们自己也不相信这样的"绝对"，只不过是为了维护自己所谓的尊严而强撑着。

而另外一些口头语出现频率极高的人，大多做事情犹豫不决，意志软弱。一些人说话时没有口头语，这并不代表他们从未有过，可能以前有，但后来逐渐地改掉了，这表现出一个人意志坚强，说话非常简洁明了。

如果想要从口头语言上更多地了解一个人，从而非常自如地驾驭你的对手，那么你就要在与对手打交道的过程中多花费点心思，仔细认真地揣摩，时时刻刻地回味分析。用不了多长时间，你就能迅速地从口头语言上了解你的对手。最为重要的是，每一次了解的过程都能够让你一眼就看透，切中要害。

过度礼貌的人很压抑

谦虚礼貌是中华民族的传统美德，也是一个人自身修养的象征。一个讲话有礼貌的人在社交场合是受欢迎的，因为这种谦虚和礼貌能够缩短人们之间的心理距离。要想在人际交往中游刃有余，有分寸地使用恭敬的语言是很重要的。根据不同的时间、场合和目的，巧妙地使用这种言辞会带来意想不到的效果。但是过犹不及也不好，言辞过恭不仅显得肤浅，还会让人产生反感。

任何事情都有一个"度"，适度的礼貌，才能维持良好的人际关系。礼貌是一种礼仪，它有一定的形式、程式和措辞等等，人人都必须遵循。太过殷勤，反而是一种无礼的表现。法国作家拉伯雷说："外表上的礼节，只要稍具有知识即能充分做到；而若是想表现出内在的道德品行，则必须具备更多的气质。"因此那些从言辞到行动都是毕恭毕敬惹人反感的人，通常是因为气质上的欠缺。

这些人缺乏自信，在与人交往的时候，一般总是低声下气，始终用恭敬的语言、赞美的口气说话。初交时，对方虽然会有受宠若惊之感，但决不会对这些人产生厌恶。然而随着交往的日益深入，对方便会逐渐察觉这种人的态度，而且会气恼不已。于是这种人给人留下的印象也就变为："那家伙原来是个口是心非、表面恭敬的人！"

童年时期的教育对一个人的一生有着很大的影响。这种言辞过恭的人小时候一定受到过双亲严厉而又错误的教育，尤其是有关礼节方面的。因此，那些在一般人看来是可原谅的小错误，却触犯了他们的思想，导致他们产生了罪恶、不安和恐惧等感觉。这种情况下，他们便将种种欲望、冲动和情绪全压抑在内心深处，死死禁锢着。但是这种被压抑的欲望、冲动和情绪越积越多，总有一天会形成强大的攻击冲动而发泄出来。他们其实已经意识到这一点，但是为了掩饰，他们选择对人更加谦恭。于是，我们不难看出，这类以令人难以忍受的过分谦恭的态度对待他人的人，内心里往往郁积着对他人的强烈攻击欲。

日本有一位语言学家曾经说过："敬语显示出人际关系的密疏、身份、势力，一旦使用不当或错误，便扰乱了应有的彼此关系。"根据这种看法，在某种无关紧要或很熟悉的人际关系中，我们根本没有必要使用恭敬语。有一种情况值得注意，那就是在很亲密的人际关系群中，碰见有人突然使用恭敬语对你说话，这时候你就会考虑是否在你们之间出现了新的障碍。

在交谈中常常无意识地使用敬语，会给人一种生疏的感觉，表示与对方心理距离很大。过分地使用敬语，还可以表示激烈的忌妒、敌意、轻蔑和戒心。当一个女人对男人说话时使用过多的敬语，那么她绝对不是表示对他的尊敬，反而是表示对这个人的排斥，她根本一点都不想和他交往，想尽快地离开。

还有一种情况，有些人虽然彼此交往很久，双方的了解也很深刻，但是，对方依然习惯运用客气与亲切的措辞，所说的每一句话也十分谨慎。在这种情况下，对方如果不是在心理上怀有冲突与苦闷，就是在心中怀有敌意。如果有人企图利用这种方式和态度闯进对方心里，突破对方心中的警戒线，这个时候他会故意使用谦逊与客气的言语。而实际上，他们的过度礼貌背后隐藏的真正动机在于控制对方，让对方没有理由拒绝自己。

幽默话语中的不同性格

人们都在追求自己的个性，由此，人们各自都有不同于他人的语言风格，实际上，一个人的语言风格最能展现他的个人修养，幽默的语言是各自语言风格的一个最佳体现。

当一个人将他的幽默感表现出来的时候，他的个人修养也随之显示出来。以下有几种不同的幽默语言风格表现形式，对照一下，有助于更好地了解和观察一个人。

用一个幽默来打破某一个僵局，此类型的人大多随机应变能力比较强、反应快。因自己出色的表现，他们或许会成为受人关注的对象，这很迎合他们的心理。他们多有比较强烈的表现欲望，希望能够得到他人的认可和注意。

常常用幽默的方式来挖苦别人的人，多心胸比较狭窄，有强烈的忌妒心理，有时甚至做一些落井下石的事情。他们有较强的自卑心理，生活态度比较消极，经常进行自我否定。他们最擅长挑剔和嘲讽别人，整天盘算怎么整人，自己却从未真正地开心过。

或许你会发现，一个小小的幽默故事，也能让你成为众人关注的焦点，让你增添几分光彩照人的魅力；它会使原本有些沉闷的气氛变得轻松活泼，恰似注入一股雨过天晴般的清新空气，从而漫过一丝心底的温馨。

　　同样，幽默是聪明和智慧的体现，一个具有强烈幽默感的人，往往更容易取得成就、获得成功。其实，任何一个人都是具有幽默感的，只是表现的方式有所不同罢了，并且受到时间、空间等多种条件的限制。

　　对于那些善于运用自嘲式幽默的人，首先应该具有一定的勇气，敢于进行自我嘲讽，这不是一般人能够做到的。他们的心胸大多比较宽广，能够接受他人的意见和建议，同时能够经常地反省自己，进行自我批评，寻找自身的错误进行改正。他们这种气质，让他人看在眼里，很容易产生一股敬佩之情，从而为自己带来比较好的人缘。

　　善于用幽默的方式嘲笑、讽刺别人。此类型的人给他人留下的第一印象是相当机智和风趣的，对任何事物都有细致入微的观察，能够关心和体谅他人，但事实上这种人是相当自私的，他们在乎的或许只是自己。他们在为人处世各个方面总是十分小心和谨慎的，凡事总是赶着要比他人快一步。他们疾恶如仇，有谁伤害过自己，一定会想方设法让对方付出代价。有较强的忌妒心理，当他人取得一定的成就时，会故意进行贬低。

　　那些乐于制造一些恶作剧似的幽默的人，他们多是活泼开朗、热情大方的人，活得很轻松，即使有压力，自己也会想办法缓解这种压力。他们在言谈举止等各方面表现得都相当自然和随便，不喜欢受到拘束。他们比较顽皮，喜欢与人开玩笑，他们在这个过程中进行自我愉悦，同时也希望能够将这份快乐带给他人。

　　有些人为了向他人表现自己的幽默感，常常会事先准备一些幽默，然后在许多不同的场合不厌其烦地说。这一类型的人多比较热衷于追求一些形式化的东西，而且很在乎他人对自己持什么样的态度。生活态度比较严肃、拘谨，能够控制自己的感情。

跟事先预备幽默的人相对的是另外一种人，他们有很多幽默都是在自然而然中流露出来的，此类型的人大多思维活跃，有很强的想象力与创造力。虽然他们头脑灵活、思维敏捷，但并不擅长在制度完善的环境下一展所长，而是偏爱自由。他们的生活始终处在发掘新鲜事物的过程中，他们需要利用别人来发掘和增强自己的一些想法。

除此之外，从一个人对幽默笑话的反应中也可以看出其性格。例如，你在某天参加了一个私人聚会，你跟在场的朋友并不太熟悉，忽然某人说了一个颇有意思的笑话，众人几乎都笑翻了，你会是怎样的反应呢？

想笑却又忍住了笑意，这说明你是一个懂得做表面功夫的人，仅仅是皮笑肉不笑而已。假如遇上利益上的某种冲突，你会对对方极尽刻薄，而对其他的人又是笑脸相迎，说明你是一个恩怨分明的人。

浅浅微笑，略带一点羞怯，你虽然不太会表现你的热情，但凡事行止合宜，长辈们对你会很满意的，只要你嘴巴再甜一点，别像个闷葫芦，那你就会成为更受欢迎的人。

与大家一起大笑一场，甚至有过之而无不及，随和开朗的你很容易跟陌生人亲近，你只要求他人以同样的热情来对待你。

感觉难堪而一脸木然，你是一个"铁公鸡"，所有的人都别想着沾你一丝的好处，你几乎很少有称得上朋友的人，你的社交极需要你放开心胸来加以改善。

莫让言谈惹了祸

虽然言谈在当今社会起着很重要的角色，但也要注意一些忌讳，因此这里给大家提出来一些忠告。

在社交场合，言谈能反映出一个人为人处世的涵养功夫。因此，每逢开口说话，不管是什么内容，都要注意别让别人产生自己被比下去的感觉。

心中有浩然正气，自然使人尊崇，说话有分量；而心中傲气冲天的人，一副盛气凌人的样子，则会使人反感，认为此人目空一切，必难成大器，于是对你爱理不理的，倘若惹恼了人家，灾祸离你可能也就不远了。

中国有句俗话说："言多必失。"它的意思是，一个人总是滔滔不绝地说话，说的多了，言语中就自然而然地会暴露出许多问题。例如，你对事物的态度、你对事态发展的看法、你今后的打算等等，会从言语中流露出来，被你的对手所了解，从而制定出相应的策略来战胜你。

另外，有时一个人心情不愉快，说起话来难免会愤世嫉俗，讲出很多过头的话，招来一些不必要的麻烦。俗话说："病从口入，祸从口出。"这句话确实有一定的道理。大多的灾祸是从自己的言谈中招来的，因而慎言可以少祸。

言谈的灾祸，主要表现在以下两个方面：一是对身边的人和事评头论足，这种不考虑后果的高谈阔论，惹怒了上司和同事，就会埋下灾祸的导火线；二是在众人之中鼓唇弄舌、搬弄是非，像长舌妇一样，今天道东家长，明天说西家短，这种缺少修养的言谈，极有可能遭到报复。

说话能把握分寸，说得恰到好处，是一种修养、一种水平，既不能喋喋不休、口若悬河；又不能该说话时却沉默寡言；当然更不能不分场合胡乱说话，光顾炫耀自己却不顾他人感受，否则不免招人怨恨，很可能弄得连朋友都做不成。

比如，有人约了几个朋友来家里吃饭，这些朋友彼此都是熟识的。主人把他们聚拢来主要是想借着热闹的气氛，让一位目前正陷入低潮的朋友心情好一些。

这位朋友在不久前因经营不善，关闭了自己的公司，妻子也因不堪生活的压力，正与他谈离婚的事情，内外交困，他实在痛苦到了极点。

来吃饭的朋友都知道这位朋友目前的遭遇，大家都避免去谈与事业有关的事，可是其中一位朋友因为不久前赚了很多钱，酒一下肚，忍不住就开始谈他的赚钱本领和花钱功夫，那种得意的神情，连主人看了都有些不舒服。那位失意的朋友低头不语，脸色非常难看，一会儿去上厕所，一会儿去洗脸，后来他赶早离开了。

朋友可以说是一个人的一生中千金不换的财富。多个朋友多条路，多个敌人多堵墙。

因此要提醒你，与人相处，切记不要在失意者面前谈论你的得意。

一般来说，失意的人较少有攻击性，但别以为他们只是如此。听你谈论了你的得意后，他们普遍会有一种心理——恼恨。这是一种藏在心底深处的对你的不满。你说得唾沫横飞，不知不觉已在失意者心中埋下了一颗仇恨的炸弹。

失意者对你的怀恨不会立即显现出来，但他会通过各种方式来泄恨。例如，说你坏话、扯你后腿、故意与你为敌，而最明显的则是疏远你，避免和你碰面，以免再见到你，于是你不知不觉就失去了一个朋友。随意自夸、口无遮拦几乎是骄傲自满者的通病。这种致命的弱点不仅暴露了自己的内心情感和意图，而且会使很多人心怀不满或恼恨不已。试想，如果别人的不舒坦是因你而起的，你还会得到好处吗？所以说，人应该把自己高人一筹的某些东西适当地隐藏起来，这不仅仅是一个人的修养问题，心气太傲了，真的容易吃大亏。所谓"木秀于林，风必摧之"，正是这个道理。

识破别人的谎言

交际中，我们可以很清楚地看到有很多人都习惯性地说谎，他们可能是为了维护自己的权益，但有时他们则是为了侵犯别人的权益。那么，为了能更好地识别对方的谎言，维护我们的切身利益，我们必须了解一些识破别人谎言的招术，练就一双"火眼金睛"，所以，现在我们就针对"如何去识破对方并使他说出真话"这一话题来讨论。

1. 怎样使对方解除心中的武装

正在说谎或试图说谎的人，他们心里一定会先把自己武装起来。"怎样使对方除去武装"就是最大的关键所在。假如这时你正面跟他冲突，他一定会强词夺理把你反击回来。

例如，你对说谎者说："你有什么话就干脆直说好了，不用跟我兜什么圈子撒谎。"这样去攻击他，是不会产生效果的。我们应该在对方有些动摇时，找出他的弱点去攻击他。不过，如果对方硬要坚持他的谎话，那么这一招就不灵了。这时，我们就必须另想办法使对方解除武装。我们暂且不去理会他说话内容的真实与否，只要把重点放在如何才能使他解除心中的武装就可以了。

这个道理就与闭得紧紧的海蚌一样，越急着把它打开，它就闭得越紧。假如暂时不去理会它，它就会解除心中的武装，一会儿它就自然地打开了。

那么究竟要如何才能使对方解除心中的武装呢?

一种方法是使对方具有安全感。如果对方是为了保护自己而说谎的时候,我们最好这样说:"你把实话说出来,没关系的,事情不像你想象的那样严重。"这样一来,他们就会认为自身的处境已经很安全,不会顾忌说出实话会有什么不良的后果。因此,在这种情况下,想要叫他说出实话是很容易的。

要使对方产生安全感,首先必须使他对你产生信赖感,他对你产生信赖之后,才会对你吐出真言。

利用循循善诱的方法去套取对方的实话,要比使用强硬逼供的手法更容易达到目的。当然,假如你只是装出笑容来讨好对方,那对方就不会怕你了。我们必须做到让对方认为"我实在不敢对这种人说谎"才行。简单地说,我们要运用技巧,使对方因为你的影响而把实话完全吐露出来。

还有一种技巧与上述所提的完全相反,那就是故意把自己装成很容易上当的样子,使对方对你没有戒心而很自然地把心里的话说出来。换言之,就是让对方产生优越感,使他在得意忘形之际,无意中露出马脚。这种方法用来对付傲慢的人是最好不过的了。

听说美国的律师在法院开庭审问时,也常会反复地运用这种方法,但是假如太露骨的话,就会留下漏洞,无法达到目的。

追根究底,此方法与上述所说的方法完全相反。彻底去追根究底,有时也能使对方解除心中的武装。假如对方仍有辩白的余地,他也一定会坚持到底。因此,只有在他们被逼得无法再为自己辩解时,他们才会自动解除武装,说出实话。

洛克希德贿赂案中很多有力的证人,在最后终于供出了真相,主要的原因是由于他们被逮捕之后,办案人员利用追根究底的方法使他们说出实情来。

我们常常可以在报纸上看到某人由于精神过分紧张而自杀的消息，对于此类事件，我们没有办法给他们下一个完美的定论，但我们很容易能看出，他们实在是被生活中的某种因素逼迫得无法透气才这样做的。

攻其不备，不管是多么高明的说谎者，假如遇到突然而来的攻击，也会惊慌失措，不得不投降。

一位资深律师曾说道："在询问一个决定性的问题时，不要马上询问证人，等他回到证人席之后，再突然请他回来，重新询问，这是最有效的方法……"

《孙子兵法》里也说过："攻其不备，出其不意"，"使其不御，则攻其虚。"

因为我们趁虚而入，对方没有防备，自然就会放下武器投降了。

2. 不要与对方做无意义的争辩

"你明明就是在说谎。"

"不！我说的全部是实话。"

"你为何要说谎？"

"不！我根本就没有说谎。"

这样的争辩没有任何意义，再怎么争论下去也不会有结果的。

表面上看来，这种问话的方式有点像是追根究底，其实是完全变了质。

使对方反复地做出同样的事情，谎话只能说一次，假如经过两次、三次的重复，多多少少就会露出马脚。我们在日常生活中经常会遇到这种现象。比如，早上同事打电话来说："对不起！我家有客人，麻烦你帮我向主管请个假，谢谢你了。"

等过几天后，你突然问他："前几天你为何要请假呢？"这时他或许会说："因孩子得了急病！"这种人一定不是为了正当的理由而请假。

或许他在外面兼副业，或许他在外面做了某些不可告人的事情。

有一位十分细心的人，他每次说谎之后，都会把它记在备忘录里，以免重复。这个方法真是无聊透顶，如果他说了一个曲曲折折的谎话，是否也能一一把它记下来？总有一天也会露出马脚的。

3. 要有效地利用证据

要使对方说出实话，最高明的手法就是拿出有效的证据，尤其是物证，它的效果更大。

拿出有力的证据来做武器，是识破谎言最好的手法。不管对方如何狡辩，只要我们有确凿的证据，他就不得不俯首承认。

但更重要的是必须懂得如何运用这些证据，如果运用不当，证据也会失去效用的。

关于这一点，我们首先要注意的就是：时机是否运用得当？如果事情过了很久，我们才拿出证据来印证，那么证据的价值可能就大大地减低了。

假如我们在提出证据之后，还让对方有充分的时间去考虑，也是不妥当的。因为这样不是又让他获得了一个辩驳的机会吗？

那么，证据要同时提出还是逐项提出来呢？这个问题我们不能一概而论，必须看证据的价值以及当时的状况来决定。

至于我们握有的证据究竟有多少，决不能让对方知道。尤其是当你只有少许证据的时候，更要绝对保密。总之，证据是一种秘密武器，证据越少越要珍惜，否则失败的将是你而不是对方。

不到决定性的时候，不要让对方知道，或者显露自己手中的证据。

你必须一面静听对方的陈述，一面在暗中对照证据；同时，也要考虑对方手中证据的可靠性，使紧握在手上的证据能运用得恰到好处。

以上所说的方法，到底使用哪一种比较好呢？当然，这要看对方的情况而定了。有时不能只用一种方法，必须综合运用多种方法才能收到效果。

　　我们并不是像警察一样，要使犯人坦白，我们只是想了解在日常生活中要怎样去洞悉他人，怎样诱使别人说实话。

　　如果我们像警察那样，以审问犯人的方式去对待别人，那不是会得罪许多的人吗？关于这一点，我们应特别注意才是。

品 其 德

　　对一个人来讲,品德是最为重要的。一个人再有才华、再有能力,假如没有良好的品德,也只能是一个自私自利的人,对他人、对社会没有丝毫裨益。我们在平时的交际中,最需要防的就是这种品德不佳的小人。"金无足赤,人无完人",看人的时候要全面,既要看到他的不足之处,又要看到他的闪光点。只要一个人本质不坏,就会有值得交往、值得我们学习的地方,这就需要我们练就一双慧眼,在与人共事时了解其品德。

第八章　品德是性格的试金石

品德识人最为可靠

日本一位商店经理林江健雄曾经说："有些人生来就有与人交往的天性，他们无论对人对己、处世待人、举手投足与言谈行为都很自然得体，毫不费力便能获得他人的注意和喜爱。可有些人便没有这种天赋，他们必须加以努力才能获得他人的注意和喜爱。但不论是天生的还是努力的，他们的结果无非是博得他人的善意，而那获得善意的种种途径和方法，便是人格的发展。"

法国银行家莱菲斯特没有发家时，因为没找到工作，只好赋闲在家。有一天，他鼓起勇气到一家大银行找董事长求职，可是一见面便被董事长拒绝了。

他的这种经历已经是第 52 次了。莱菲斯特沮丧地走出银行，不小心被地上的一根大头针扎伤了脚。"谁都跟我作对！"他愤愤地说道。转而他又想，不能再叫它扎伤别人了，就随手把大头针捡了起来。

谁想，莱菲斯特第二天竟收到了银行录用他的通知单。他在激动之余又有些迷惑：不是已被拒绝了吗？

原来，就在他蹲下拾起大头针的瞬间，董事长看在了眼里，董事长根据这件微不足道的小事，认为他是个谨慎细致而能为他人着想的人，于是便改变主意雇用了他。

莱菲斯特就在这家银行起步，后来成了法国银行大王。

莱菲斯特的机遇表面上只是拾起一根大头针，看似偶然，但他能在自己落魄之时都保持良好的行为，说明品德情操十分高尚。

那位从细微处见精神的董事长更是一位识人高手，是他发现了莱菲斯特这匹千里马。莱菲斯特之所以能够成功，很大程度上得益于那位董事长识人的独到之处。

只有具备了健全的人格魅力，才能获得人们的喜爱与合作。由此，凡是世间的智者贤人，经常把人格的特征尽力地表现出来。

任何一个人都有自身的优点和缺点，对世界上的任何事物也都要一分为二来区别对待，但这决不是说，人就没有差别可言，没有办法去区分，因而也就没有办法区别对待使用了。正好相反，人的优点与缺点之大小、多少实在有着很大的差别。有的人有大德、有小过因而可谅可用；反之，有的人则是缺大德因而不可信、不可用而必须提防之、压制之。识人就要从品德出发，认知他们优劣的所在。

了解不同性格的人

通过观察去了解他人是一个良好的途径。观察法是指在特定的环境中，对某个人的各种表现、待人接物等各方面进行考察，得出综合印象，再经过自己的分析加工，最后把握其本质特点，然后观其本质，而察其为人。这种方法是最易于实行的一种方法。因为它既不需要观察者去亲自接触其观察的对象，也不需要有意安排或预先准备，只需经常与其一起参加活动，能够在各种场合中看到其表现就行了。

很多人认为人际交往能力与性格有关，外向者善于交际，内向者不善交际。这样的说法虽然有欠周密，比如性格内向者也有许多好朋友，性格外向者没有知心朋友这样的例子在现实生活中也不在少数。但是性格的确是影响人际交往最关键的因素。通常情况下，性格外向的人比性格内向的人善于交际，善解人意的人比霸道无理的人更容易交到朋友。

1. 活泼性格的人：博而不精

性格活泼的人重视整体人际关系，很快便能适应新环境并结交新朋友；办事很有效率，再加上聪明及处理危机的应变能力，所以很讨上司喜欢。这种类型的人天生好奇，对所有的人、事、物都抱有很大的兴趣，喜欢学习各种新东西，对于新上手的工作也能很快掌握，在公司里扮演通天角色。他们活泼的性格也使得他们经常是聚会和晚会上的灵魂人物，总能够吸引大家的注意。因此周围的同事或许会忌妒而与他们疏远，但他们活泼、不记仇甚至黏人的性格又会使得别人不好意思与他们生气，自然他们的人缘也不差了。

2. 谨慎性格的人：心思捉摸不定

谨慎性格的人对工作有高度的稳定性，善于察言观色、尽忠职守、生存力强、懂得上司与同事间的应变进退，并且善于营造和谐气氛，与同事合作性强，是容易相处的同事，又是易得到上司赞赏的忠臣下属。

这种性格的人在人际交往中是很受欢迎的，因为他们既不爱出风头，又不会给人难堪，总是小心翼翼，让周围的人感觉没有杀伤力。并且他们说话总是头头是道，让你不由得不佩服他们的说服力。但是谨慎性格的人，由于不喜欢表露自己的真正情感，他们好像戴着一副假面具，捉摸不定，让人望而却步，虽然并不会与人正面冲突，但是周围的人也不愿与他们有过多的交往，所以这种性格的人不容易交到知心朋友。

3. 急躁的性格的人：重量不重质

这种性格的人天生拥有乐观与幽默感，人际魅力光芒四射，加上要面子，常请大家吃饭，所以在交往中也是很吸引人的。与谨慎性格的人一样，他们也不容易交到知心好友。急躁性格的人通常都有着一种很强的气势，这让他们看起来具有领导者的风范特质。他们在工作中也并非是一位有野心的人，但是他们与同事合作起来冲劲十足、很有效率，并且在工作中会主动分担别人的烦恼，主动学习别人的长处，所以很讨同事喜欢，有着良好的人际关系。

4. 冷静性格的人：零缺点原则

冷静性格的人，做起事来一板一眼均小心翼翼，工作对他们而言是乐趣及成就感的来源，他们行事井然有序得令人佩服，但有时却又少了点变通的弹性，给人个性内向、拘谨的感觉。通常这种性格的人不懂得表达自己的个性，让人有不易相处的印象。加上要求又特别多，令人无所适从。所以在周围的人看来，他们是严格和没有幽默感的，所以大家不愿与他们有过多的相处。其实一旦与他们深交，就会发现他们的内心十分单纯，而且也很善于交谈。这种性格的人交往中的最大障碍是不善于表达自我，不懂得让别人对自我有更多的了解。

5. 性格热忱的人：最佳伙伴

性格热忱的人不论从事哪种职业，只要充分发挥其性格，便能得到肯定与赞赏。这种性格的人最适合具有挑战性的职业，工作积极又有效率，是典型先锋性格。富创意、喜爱看到事情的光明面是他们的优点，并且是活在掌声下的人，喜欢受他人肯定。这种人还体贴他人的难处，让他人在工作上更有冲劲，所以有着很好的人缘。不论是上司、同事还是朋友，一旦了解他们，都会被他们的热情所打动，愿意成为他们的朋友。但是性格热忱的人由于自主性过高、喜爱表现自己，故容易和别人在合作上产生冲突，不利于建立良好的人际关系。这种类型的人，不论是在工作、学习和娱乐中，参与感、掌声与赞美都是他们不可或缺的原动力。

6. 性格细腻的人：潜在的竞争对手

性格细腻的人很重视团体合作，不喜欢抢风头，这是他们的优点。因此他们通常都有着很好的同事关系。在同事的眼中，他们是温和和善良的，不会耍计谋陷害人，因此同事都愿意与他们相处，并且很容易把他们当作自己的知心朋友。但他们有时那慢工出细活的行事作风，不免让性急的同事看不过去，但不会引起同事的厌恶。个性温和的他们常扮演着沉默的角色，没有太多意见及野心，任劳任怨的个性常得到上司的赏识，是一个潜在的竞争对手。温和的他们也不是宰相肚里能撑船的人，性格细腻使得他们对伤害过自己的人往往不能原谅。这种性格的人，不但勤俭也很能为老板精打细算，有着精细的省钱之道。

7. 好交际性格的人：公关小姐

这种类型的人有极佳的公关手腕，所到之处都能很快与人打成一片，主动是其人际关系的第一步，在诸多性格中可说是独占鳌头，好交际的性格更能博得上司的好印象与赏识。在社交场所中，这种人左右逢源，如鱼得水，通常都是焦点人物。但是他们喜欢舒适的生活，害怕过度出卖劳动力的工作，故常常做事缺乏计划、想的比做的多，散漫、金钱观淡薄，这些均是造成他们晋升的绊脚石，也是让人不喜欢他们的理由。

8. 沉稳性格的人：情报局干员

稳定、内敛、不多言是沉稳性格的人给人的第一印象，但他们有着对人、事、物敏锐的洞察力，缄默时的他们正处于"打量评估期"，所以这种性格的人总能很清楚地对周围的情况做出准确的判断，在任何事情上，都像旁观者一样冷静和客观。这样的性格使得他们对周围的人总能提供一些客观有效的建议，因此在他们身边总是有一群追随者。他们对工作有着自发性的热爱，并能承受很大的压力，做事的积极与面面俱到、果断令上司极为赞赏；有着情报局干员的本能与精神，能轻易打探各方线索、内幕消息、公司百态等等。这种性格的人在哪里都是很有能力的人，他们天生就是让别人倾慕的。所以他们的人际关系很广，并且很值得信赖。

9. 浪漫性格的人：没耐心和毅力

浪漫性格的人欠缺耐心，一成不变的工作态度可能会抹杀他们的创意细胞。生性爱热闹、热心、慷慨不计较金钱及随和的个性，使他们的人缘不俗，感觉敏锐且洞察力强，常以开玩笑的方式说出对事情的见解，不容易感到像谨慎性格的人一样具有心机，反倒让人觉得平易近人、容易相处。做事勇于突破传统、有魄力，但一遇到挫折会很快打退堂鼓，缺乏愚公移山的恒心与毅力。

10. 固执性格的人：永远不会错

固执性格的人是尽忠职守把分内工作做好的人。他们在专长与技术领域中不断求进步，没有一步登天的投机心理，持有"一分耕耘，一分收获"的态度。具有主见及领导能力，对事物有相当的野心，是标准的工作狂热分子，在诸多性格中跃居"最负责任感"之冠；而坚忍不屈的毅力是其成功之处。可是他们优柔寡断、固执己见的缺点可在其知错不改、明知故犯中一览无余。这种性格的人很难接受别人的意见，除非别人比他们优秀。这样的性格特征使得他们的人缘很差，因为他们总是让周围的人很难堪，并且错了也永远不会道歉。因此他们的人际关系很糟糕，但他们的朋友都是真正理解和关心他们的挚友。

11. 脆弱性格的人：害怕失败

脆弱性格的人有着过人的智慧，工作中有独到的见解，能完整、高效率地分析与策划，对自己有高度的自信与优越感，却又高傲、冷酷得令人讨厌，但是他们脆弱的性格常常能引发别人的同情心，反而人缘相当不错。冷静、理性、客观、实践力强是他们成功的关键，但却缺乏坚持的能耐，常一碰到挫折就会轻易放弃；最害怕别人看到自己的失败，

187

在他们心中只有"我"永远是最好的。

12. 机警性格的人：明哲保身

察言观色是这种人的优点，明哲保身是其处世态度，他们永远不会主动参与和自己利益有可能冲突的事情，在他们眼中，只有自己是最宝贵的。这样的人从来也不会得罪别人，甚至对每一个人，他们都一味褒扬和鼓励，所以他们的人缘极好，并且别人对他们的评价也很高。但他们在工作上却缺乏积极主动的个性，散漫的天性偶尔需要压力的鞭策，但空间式的思考模式，很适合计划性的工作，思考周密，甚至将天马行空的想象力加诸计划中，使计划内容添加不少创意。

不一样的胸怀，不一样的性格

在一定程度上，一个人能力的大小以及性格的变化取决于他的胸怀与禀性，心胸狭窄、禀性不良的人不能指望他为善，禀性懒的人不能指望他做事勤快。注重道德和品行修养的人不会干凶恶阴险的事，追求公平正直、心无偏私的人，不会伤害朋友。

在职场上，假如能把握好下列十二种不同性格的人，学会识别并善用他们，你一定会取得事业上的辉煌成功。

1. 固执之人

这种人立场坚定，直言敢说，也有智谋，可以信赖，行得端，走得正，为人非常正统，不论在思想、道德、饮食、衣着上都落后于社会潮流。有保守的倾向，也比较谨慎，该冒险时不敢冒险，过于固执，死抱住自己认为正确的东西，不肯向对方低头，不擅长权变之术。

这种人是绝对的内当家，是敢于死谏的忠直大臣。

2. 朴实之人

这种人胸怀坦荡，性情忠厚淳朴，没有心机，不善机巧，有质朴无私的优点。但为人过于坦白真诚，心中藏不住事，大口无遮拦，有什么说什么，太显山露水，城府不够，甚至可能被大家当傻瓜看，作为取笑对象。与这种人合作，尽可以放心。

但因缺乏心眼，办事草率，有时又一味蛮干，不听劝阻，该说的说，不该说的也说。虽说坦诚是为人处世的法则，但一如竹筒倒豆子，少了迂回起伏，也未必是好事。如果能多一分沉稳，多一点耐心，正确运用其诚恳与进退谋略，成就也不小。傻子的聪明之处，正在于知道如何运用他的"傻"。

3. 好动之人

这种人性格开朗外向，作风光明磊落，志向远大，卓尔不群，富有开创精神，凡事都想争前头，不甘落在人后，往往从中产生出莫大的勇气和灵感，不轻言失败，成功欲望强烈，永远希望自己走在成功者的前列。

缺点是好大喜功、急于求成、轻率冒进，如果在勇敢磊落的基础上能深思熟虑、冷静应对，则能取得重大成就。又因为妒忌心强，如果不注重自身修养，会因忌妒而犯错误。如果将忌妒心深藏不露，得不到宣泄，可能导致人格偏失到畸形。

4. 沉静之人

这种人性格文静，办事不声不响，作风细致入微，认真执著，有锲而不舍的钻研精神，因此往往能成为某一个领域的专家和能手。

缺点是过于沉静而显得行动不够敏捷，凡事三思而后行，抓不住生活中擦肩而过的机会。兴趣不够广泛，除兴趣所在之外，不太关心周围的事物。尽管平常不太爱讲话，但看问题又远又深，只因不愿讲出来，有可能被别人忽略。其实仔细听听他们的意见是有启发作用的。

5. 辩博之人

这种人勤于独立思考，所知甚博，脑子转得快，主意多，是出谋划策的好手。

但因博而不精，专一性不够，很难在某一方面做出惊人的成就。不愿循着前人的路子，因此多有标新立异的见解。口才往往也很好，加上懂得多，交谈演讲时往往旁征博引，让人大开眼界。如能再深钻一些，有望成为百科全书式的人物。为人一般比较豁达，因此也能得到上下之士尊敬。

6. 清正之人

这种人清廉端正，洁身自爱，从本性上讲不愿贪小民之财，富有同情心和正义感。因此，看不惯各种腐败而不愿为官，即使为官也是两袖清风，不阿谀奉承，偏激的人甚至辞官不做，去过心清神静的神仙日子。

由于他们原则性极强，一善一恶界线分明，有可能导致拘谨保守，又因耿直而遭奸人忌恨陷害，难以在政治上取得卓越成就。有狂傲不羁个性的，反而在文学艺术上会有惊人的成就，在那个天地中可以尽情自由地实现他的理想和抱负。

7. 拘谨之人

这种人办事精细，小心谨慎很谦虚，但疑心重，顾虑多，往往多谋少成，不敢承担责任，心胸不够宽广。他们驾轻就熟，在力所能及的范围内能很圆满地完成任务。可一旦局面混乱复杂，就可能头昏脑涨而做不出果断、正确的抉择，难以在竞争严酷的环境中生存。他们生活比较有规律，习惯于井井有条而不愿随便打乱安静平稳的生活。

8. 韬智之人

这种人机智多谋而又深藏不露，心中城府深如丘壑，善于权变，反应也快。如果立场不坚定，易成为大奸之人，往往见风使舵，察言观色确定自己的行动路线，智谋多变。如果忠正有余，则会成为张良一类的奇才。

9. 宏阔之人

这种人交友广泛，待人热情，出手阔绰大方，处世圆滑周到，能得到各方面朋友的好感和信任。他们善于揣摩人的心思，投其所好，长于与各方面的人打交道，混迹于各种场合而左右逢源。适合于做业务工作和公关，能打通各方面的关节。

但因所交之人鱼龙混杂，又有点讲义气，往往原则性不强，容易受朋友牵连而身不由己地做错事，很难站在公正的立场上论事情的是非曲直，不适宜矫正社会风气。

10. 雄悍之人

这种人有勇气，但暴躁，认定"两个拳头就是天下"，恃强鲁莽，为人讲义气，敢为朋友两肋插刀，属性情中人。

他们的优点是为人单纯，没有多少回肠弯曲的心机，敢说敢做，有临危不惧的勇气，对自己衷心折服的人言听计从，忠心耿耿，赤胆忠诚，决不出卖朋友。

缺点是对人不对事，服人不服法，任凭性情做事，只要是自己的朋友，于己有恩，不管他犯了什么错误，都盲目地给予帮助。因其鲁莽往往会犯下无心之过。

11. 强毅之人

这种人性情硬朗、意志坚定、刚决果断、勇猛顽强、敢于冒险，善于在抗争性的工作中顽强拼搏，阻力越大，个人力量和智慧越能得到淋漓尽致的发挥，属于枭雄豪杰一类的人才。

缺点是易冒进，骄傲于个人的能力。权欲重，有野心，喜欢争功而不能忍。他们有独当一面的才能，也能灵活机动地完成使命，是难得的将才。但一定要注意把握好他们的思想和情绪变化，这可能是他们有所

191

变化的信号。

12. 柔顺之人

这种人性情温和、慈祥善良、亲切和蔼、不摆架子，处世平和稳重，能够照顾到各个方面，待人仁厚忠实，有宽容之德。如柔顺太过，则会逆来顺受、随波逐流、缺乏主见、犹豫观望、不能决断，也不能做大事，常因优柔寡断而痛失良机。

因与人为善又可能丧失原则，包容袒护不该纵容的人。在许多情况下，连正确的意见也不能坚持，对上司有随意顺从的倾向。如果刚决果断一些，能正确地极力坚持或争取，大事上把握住方向和原则，以仁为主又不失策略机变，则能团结天下人才共成大事。这就是曾国藩所说的"谦卑含容是贵相"。否则，只是幕僚参谋的人选。

这种人办事能采取比较得体的方法，表面谦虚，实际上不会吃哑巴亏，暗藏着报复心。用人讲求乱世用奇，治世用正。这种人不论在乱世还是治世，都能谋得自己的一席之地，是懂得变通的善于保全自己的一类人。因诡智多变，可能节气不够，不宜选派这种人掌管财务、后勤供应等事。

察人法的目的不仅知人，更重要的是在了解其人之后，采取相应的措施去用人。以上十二种性格之人，由于特性不同，因而在识别之后，使用也应该不同。

第二次世界大战时，英国著名的蒙哥马利元帅曾经有过这样一段话："我们把军官分成四类，聪明的、愚蠢的、勤快的、懒惰的。每个军官至少具备上述两种品质。那么，聪明而又勤快的人适宜担任高级参谋；愚蠢而又懒惰的人可以被支配着使用；聪明而又懒惰的人适合担任最高指挥；至于愚蠢而又勤快的人，那就危险了，应立即予以开除。"

每个人都有自己的闪光点

古有明训：人无完人。看人总要往好处看，对人性才有信心，才敢把事情放心交托给别人。如果总是盯着别人的缺点，看不到他的长处，也许会把一匹千里马当成了一匹跛脚驴子。只有透过缺点看优点，才能找到真正的千里马。

一家人有 5 个儿子，但是 5 个儿子"各有千秋"：长子质朴，次子聪明，三子目盲，四子驼背，五子跛脚。如果按照常理看，这家人的日子会过得相当困难。可是出人意料的是，这家人的日子却过得挺顺当。有好奇心的人一打听，才知道那人对 5 个儿子各有安排。他让质朴的老大务农，让聪明的老二经商，老三目盲，正好可以按摩，背驼的老四可以搓绳，跛足的老五便成了守家纺线的好手。这一家人各展其长，各尽其才，日子过得能不顺当吗？

试想，如果这个人仅仅看到几个儿子的缺陷，他不被愁死才怪呢？

但是他转换了一种思维角度，从扬长避短的角度出发，发现了儿子们具有正常人所不具备的生理优势。这么一来，全家无一废人。

天下没有完人，也没有无用之人。你把注意力集中在人的缺点上，则世无可用之人。把注意力集中在优点上，缺点就不那么重要了，然后用其所长，则世无不可用之人。

美国南北战争时期的著名将军格兰特具备卓越的军事才能，但同时又是一个好酒贪杯的酒徒。但是，林肯看到的只是他的帅才，而不计较他的缺点，因此大胆地起用了格兰特。当时林肯对众多的反对者说：你们说他有爱喝酒的毛病，我还不知道，如果知道我还要送一箱好酒给他喝!"格兰特的上任,决定了战局的转折。

什么是好?什么是坏?什么是优点?什么是缺点?对这些问题,每个人都会有一些答案,但未必是"正确答案",其中不少只是个人偏见。因为好与坏、优点或缺点并无一定,一旦形成了定式,在处理事务时必然会缺少变通。

就用人来说,目的是为了做大事业,理当从需要出发,从观念上打破条条框框的束缚。有时候,所谓优点或缺点,只是个性问题。你看见某人一个缺点,在别人眼里却是优点。其实这只是个性偏好所致,并非真的优点或缺点。所以,干大事的人不执著于好坏长短,在看人时多考虑优点,在用人时多考虑有利无利,所以他们有大胆用人的底气。

有一位厂长可谓用人高手,他不仅能够用人所长,还善于将短变长,用人所短。比如安排遇事爱钻牛角尖者去当质量检查员,让处理问题头脑太呆板者去当考勤员,让脾气太犟、争强好胜者去当攻坚突击队长,让办事婆婆妈妈者去抓劳保,让喜爱聊天、能言善辩者去搞公关接待。这样一来,厂里一切便都秩序井然,效益时时见好。

在平常人看来,短就是短;在有见识的人看来,短也是长。古语说:"不知人之短,不知人之长,不知人长中之短,不知人短中之长,则不可以用人。"这种观人的智慧充满了辩证法,以此用人,则大才、小才、奇才、怪才、庸才以及不才都能被我所用,那么,身边必然是人才济济,到处都充满生机。

看人不要戴有色眼镜,只要有一技之长,无论君子小人,用得好都能产生你需要的价值。

看人要避免情绪作用,冷静地发现别人身上的长处,并有效使用。

春秋时期,齐国孟尝君好招揽人才,座下有门客三千。一次,有两个人前来投靠,其中一个身材小巧,能钻狗洞,而另一个会学鸡叫。除此之外,他们别无所长。孟尝君还是把他们留下来了。好多门客不服气，认为这两个人没什么用，哪有资格跟他们为伍？但孟尝君劝他们说，世无不可用之人，有一技之长就是人才，不可轻视。

过不久，孟尝君奉命出使秦国。秦昭王想让孟尝君留下来做相国。有人劝秦昭王说："孟尝君很有本事，又和齐王是本家，如果在秦国做了相国，他一定先替齐国打算而后才为秦国谋利，那么秦国就危险了。"

于是，秦昭王就不让孟尝君当相国了，而且把他关起来，想把他杀掉。孟尝君派人求秦昭王的一个宠姬帮忙说情。这个宠姬说："我想要孟尝君的白狐狸皮裘。"

孟尝君确有这样一件皮，价值千金，天下无双。然而他在到了秦国以后，就献给了秦昭王。孟尝君很发愁，问遍了门客，谁也想不出对策。

这时，那个会钻狗洞的门客说："我能弄来白狐裘。"他在夜里装成一条狗，进入秦王宫中储藏东西的地方，偷出孟尝君献给秦昭王的那件皮。孟尝君又把这件皮献给了那个宠姬。宠姬替孟尝君向秦昭王讲了情，秦昭王就把孟尝君放了。

孟尝君获得行动自由以后，换了证件，改了姓名，混出咸阳，连夜逃往齐国。秦昭王放了孟尝君以后，又后悔了，让人去寻，而孟尝君已经逃走了，于是他就派人驾车追赶。

半夜时分，孟尝君来到函谷关下，却出不了关。因为秦国有一条规定：鸡鸣以后才准放人通行。孟尝君怕追兵赶到，心里很着急。这时，那个会学鸡叫的门客捏起嗓子，学着公鸡打鸣的声音，十分逼真，引得附近的公鸡也鸣叫起来。守关的人听到鸡叫，就开关放人通行，孟尝君得以顺利脱逃。

当孟尝君在秦国遭难时，那么多才子贤士都束手无策，全靠这两个只会一点雕虫小技的人才得以脱险，由此可见用人之道确有奥妙，不可以常理度之。

有王霸之才者，君子小人莫不乐为之用。有些人确有大才，也有明显的品格缺陷，这种人用好了是个宝，用不好会与你为敌，要有王者气度和超强统御力的人，才用得好这种人。

　　特朗普出身豪富之家，在沃顿金融学院读书时，他在某地发现一个公寓村，共有800套住房闲置。于是，他建议父亲将这个公寓村全部买下来，交给他经营。由于他还要读书，就聘请了一个名叫欧文的人当经理，代他管理物业。欧文颇有治事之能，很快使公寓村的各项工作走上正轨，几乎不用特朗普操心。

　　但是，欧文有一个令人讨厌的毛病——偷窃。仅一年时间，他偷窃的公物即高达5万多美元。

　　特朗普发现欧文这种毛病后，从心情上来说，他恨不得让这个家伙立即滚蛋。但是，从理智出发，他觉得还需要慎重。一方面，他一时找不到一个合适的人接替欧文的职位；另一方面，他认为公司不仅是一个赢利的地方，也是一个传播文化、培训人才的地方，对一个有毛病的人，不加教育就推出去，是不负责任的态度。

　　最后，特朗普决定给欧文一个改过自新的机会。他将欧文找来，给他加了工资，并指出他的毛病，建议他以后一定要检点自己的行为。欧文既羞愧又感激。自此，他改掉了恶习，兢兢业业工作，为特朗普赚了好几百万美元。

　　在选才用人时，因为一个人的缺点而抛弃这个人，是最省事的做法，却不是最好的做法。人的优点与缺点经常是伴生的，往往能力越强的人，缺点越明显。你想用能人，只好忍受他的缺点。正如松下幸之助所说："你想全用好人为你工作是不可能的。与其精挑细选，不如大胆用人。"

你是别人的一面镜子

人心都是肉长的。人与人之间，凡事都是互相的，你对别人投之以桃，别人自然会对你报之以李；你对别人怒目相向，别人自然会给你还以颜色。人与人相处，就得将心比心、以心换心。

吴起是战国时期著名的军事家，在他担任魏军统帅时，与士兵同甘共苦。

有一次，一个士兵身上长了个脓疮，作为一军统帅的吴起，竟然亲自用嘴为士兵吸吮脓血，全军上下无不感动。

吴起凭什么赢得士兵的忠诚呢？凭借的是他的诚心诚意。身为一军的统帅，他与士兵同甘共苦不说，为了让士兵不致因伤口化脓发炎而死，竟然亲自用嘴为士兵吸吮脓血！这不能不令人感叹。

中国有句成语，叫难能可贵。因为难，所以可贵。如果非同一般的难，就会让人觉得非同一般的可贵。脓血脏而且有毒，一般人避之唯恐不及，又怎么会用嘴去吸吮呢？恐怕即便受伤的人是自己的家人，也很难做到。

而吴起，他身为将军，为了让士兵的生命不受威胁，为了让他们早点好起来，却亲自为他吸脓血，这更衬托出他对士兵的情之切、爱之深。

我们也常说：滴水之恩，当涌泉相报。如果这滴水，尤其难得，人们会觉得它尤其可贵，会尤为珍惜，自然回报的也会尤其多。

就拿这个士兵来说，统帅用嘴为自己吸吮脓血，从某种程度上来说，是给了自己第二次生命。这样的大恩大德怎么能忘记？又何以为报呢？作为战士，其天职就是冲锋陷阵、奋勇杀敌。将军情深意重，士兵又怎能贪生怕死？于是，便上演了将军不怕脏、不怕毒，为士兵吸吮脓血；士兵不怕苦，不怕累，为胜利出生入死。

其实，这样的互动不仅存在于生死攸关的战场，也存在于风平浪静的日常生活中。

在我们周围常常有这样的状况：有的人朋友多如牛毛，家里客人总是不断，在旁人眼里，看着都觉得累。他却不嫌麻烦，总是尽力而为。不过，一旦他发生了什么事，就有不少朋友主动上门帮忙。

这似乎应验了《圣经》上的那句话："你愿意他人如何待你，你就应该如何待人。"

慧眼识别有潜质的人

日行千里的良马，如果没有善于驾驭的马夫，就会被牵去与驴骡一同拉车；价值千金的玉璧，如果没有善于鉴别的玉工，就会被混同于荒山乱石之中。人才如果不受他人赏识，就会被埋没，这充分说明了识别人才至关重要。

具有潜质的人则有如待琢之玉，没有引起世人的重视，没有得到公众的承认，若没有独具慧眼的识玉者卞和是难以被人发现的。

千里马之所以能在穷乡僻壤、山路泥泞之中、盐车重载之下被发现，是因为幸遇善于相马的伯乐。千里马若不遇伯乐，恐怕要终生困守在槽枥之中，永不得向世人展示其"日行千里"的风采。许多具有潜质的人都是被"伯乐"相中，同时，又为其提供了一个发展成长、施展才华的机会，才获得成功的。

当你发现下属中有这类人物时，应立刻善加运用，一刻的犹豫即是损失；因妒忌而把他等同于平庸者看待，公司将由此遭受损失。

在你发现优秀的千里马一样的人后，注意做到下面几点：

鼓励他在公开场合阐明自己的观点和建议，这样做为的是增加他对你的信任，以及对公司的归属感，表明他的建议受到你的重视。为了表现自己，他必更乐于创新。

视他为管理工作上的一项挑战，有些管理方法，对待水平较低的下属或许绰绰有余，而在优秀人才眼中，你只是代表一个职位、一个虚衔，并不表示你的才干胜过所有的人，要他们全听你的，并不是一件很容易的事。

给他明确的目标和富有挑战性的工作，卓越的人才行事都异于常人，但又有出乎意料之外的成功；你给他们明确的目标和富有挑战性的工作，他定感到被看重而满怀工作激情。

对他突出的贡献给予特别的奖励，在你还没有给他更高的报酬时，一些特别的奖励是必要的。对于他对公司突出的贡献，如无特别待遇，动力就会减弱，但不表示他不再追求进步。

适时地赞美他的表现，不要担心他会被宠坏，在他杰出表现之后，适时地加以称赞和鼓励。假如你对他冷漠，会使敏感的他以为你忌妒他。

因为卓越的人均懂得鉴貌辨色，为免功高盖主而招人猜忌，他宁愿把创造性的建议藏起来，待有机会即另谋高就。

推荐一些对他有帮助的书籍，"学如逆水行舟，不进则退"。如果你将卓越人才的工作安排得密密麻麻，这样他就没有时间学习新事物，不断地工作将使他精神疲惫。卓越人才并不是万能的，他也有不懂得的事物。

看人重在看本质

《六韬》是中国最古老的兵法，里面详述了种种看穿对方心思的方法，其中对选人比较实用的有如下几种，对各位领导必大有帮助。

问之以言，以观其详，向对方多方质问，从中观察对方知道多少。公司招考新人的时候，必须对应征者来个"人物鉴定"，考官就得向应征者多方查问，这就是"问之以言，以观其详"的方法之一。

鉴定一个人物，不能只流于形式，需要问出足以判定对方真心的问题。

"你的嗜好是？""家里有哪些人？"这一类的问题，就是形式上的问题，对探查一个人的内心毫无作用。

"你对这个问题有什么看法？""……这一类的难关，换了您，如何去打开僵局？"这一类的问题，就直捣核心，足以使对方的才能、思考力露出蛛丝马迹，成为判断上的珍贵资料。

又如，身为上司，在遇到重大的问题时，不妨向部属或同事问一句："换了你，如何解决？"

这时候，平时看似应变有方的人，却为之语塞，或是答非所问；而看似不够机灵的人，却能提出迎刃而解的妙方——这种事实，会令你痛感一个人平时的外表和言行不足导致让人信赖。

穷之以辞，以观其变，不断追问，而且越问越深、越广，借此观察对方的反应如何。没有自信的人，面对一连串的"逼问"，就会惊慌失措、虚言以对，眼珠骨碌碌转……发问的人，就可从这些表情的变化，判断对方是个怎样的人物。对一件事一知半解的人，在"穷之以辞"的情况下，都会露出马脚。

明白显问，以观其德，把秘密坦率说出，借此观察一个人的品德。

如果听到秘密就立刻转告第三者，这种无法守秘的人，就不能深交，就不能合作，还是避开为妙。

对方是不是口风甚紧或者是否容易失言，只要泄露秘密给他，就知道他是个怎样的人。运用这个方法，往往会发觉平时自诩为"最能守秘"的人，反而是最会泄密的人。从这些反应，我们就能探知对方是不是值得信赖的人。

使之以财，以观其廉，让他处理财务，借此探测清廉与否。

把一个人派出到容易拿到回扣的单位去服务，就容易看出他是不是为人廉洁。服务于容易拿到回扣的单位，一些有私心的人即使开头坚决不拿回扣，时日一久，也会随波逐流，见钱眼开。要想试探一个人的清廉与否，只要派他到那样的单位，就会真性毕露。

告之以难，以观其勇，派给他困难的工作，借此观察他的胆识、勇气。平时口口声声"遇事果断"的人，一旦危机临身，往往不知所措，还会满腹牢骚。

个性越是柔顺的人，遇到困难越是仓皇失色；因此，若要试探一个人的胆识、勇气，就得把困难的工作接二连三地交给他去处理，从中观察他的反应。

醉之以酒，以观其态，请他喝酒，借此观察他的态度。平时守口如瓶的人，黄汤下肚就完全变了样，不但满口牢骚，还会猛说别人的坏话，这样的人就可判定他是一个经常怀有不满，甚至忌妒心强，有害人之心的人。

以意志坚强、灵敏果断闻名的亚历山大大帝，喝酒之后也会大醉失态，惹了不少麻烦。他在痛下决心之后，只要沾了酒就独处于营帐中，拒绝见人。一代英雄尚且如此，更何况凡人？"醉之以酒，以观其态"，是很管用的"人物鉴定法"。

学会与不同性格的老板相处

进入职场，为人打工，不比自己开店，万事好商量。在公司中，你不仅要跟同事处好关系，还要与老板和谐相处，否则得罪了老板，那你在公司内绝对很难再立足。因此就要求我们要清楚识别老板的类型，然后再对症下药，与老板处好关系。而你想要识别自己的老板，辨清他属于什么类型，了解他的个性，这儿有一个不二法门，那就是俗语所谓的"跟官司要知道官司贵姓"。这就是说，当打工仔想跟定哪一个老板之后，必须要立即对老板进行全面了解。

1. 怎样与听信谗言的老板相处

为了不至于和老板发生冲突，并且使他明白你是受到了谗言的陷害，你可以这样去做：

运用一定的技巧为自己洗刷清白，破除谗言的假面目。某些人向老板进谗言诬陷你，偏偏老板又听信了谗言，这样的情况对你非常不利。但是，你不要担心，应该拿出勇气来，以积极的态度与其斗争，采取技巧揭穿事情的真相，还自己一个清白。

面对老板对自己莫名其妙的、突然的冷淡疏远，或在会议上不点名、暗示性地批评你，甚至故意制造工作中的矛盾为难你、制裁你，应当有勇气主动找老板谈谈心，问清缘由，说明真实的情况。凡事假如拿到桌面上，坦率地、公开地说清楚，往往会收到较好的效果。回避的态度、忍气吞声的做法，只会使自己笼罩在一层迷雾中，加深老板对你的误解，加大双方之间的隔阂。因此，你应当敢于正视面临的困境，努力想办法摆脱被动的局面。

变被动为主动。假如确切无疑地知道了谁在背后向老板进谗言陷害你，你可以在老板没找你之前先找到他，把一切实情坦然地相告，这样就可以变被动为主动了。另外，为了制止进谗言者继续造谣生事，应当再凛然正色地找到这位当事人，以暗示的口气给其以必要的警告。但不要完全说明，因为他是不会承认的。这类人往往心虚，你一找他，他就明白是怎么回事。他们都习惯于背后捣鬼，因此，也不愿公开撕破脸皮，不愿发生使双方都难堪的正面冲突。假如对方是一个非常泼悍无礼的小人，则要避免与其正面打交道，而是策略地把话说给其亲朋好友，让他们转告给他，从而间接地制止他的恶劣行径。

2. 怎样与爱挑剔的老板相处

与爱挑剔的老板打交道是最令人头痛的事情了，由于他的存在，你经常会处于不自信的状态中，因为他老是打击你的情绪。比如，公函内容与打字格式是他告诉你的，等你拿给他签字的时候，他又说这封信应该重打；明明你是完全按照他的吩咐去处理一件事情的，过后他又指责你办事不妥；你从事的是专业性很强的工作，可对你专业一知半解的老板偏偏对你的能力"不放心"等等。在挑剔的老板手下干活觉得自己浑身上下的汗毛都是竖着长的，左右都不是，怎么做都让他看不惯。

不管怎么说，碰到爱挑剔的老板，对下属而言总是不利的。那么，该怎么办呢？以下几招不妨一试：

（1）弄清老板的意图

当老板交给你一项任务时，你应问清他的要求、工作性质、最后完成的期限等等，避免彼此发生误解，应尽量做到符合他的要求。

（2）设法获取老板的信任

如果老板处处刁难你，或许是担心你将来会取代他的位置。这时，你应尽自己最大的努力使他放心，让他明白你是一个忠诚的下属，你可以主动提出定时向他报告的建议让他完全了解你的工作情况。一旦获得他的信任后，他便不会对你过分地要求完美的工作效果。

（3）正视问题

不要回避问题，尊重自己的人格，不卑不亢。正视问题，尝试与你的老板相处，针对事情而不是针对个人。比如，老板无理取闹时，你应据理力争，抱着"错了我承认，不是我的错而要我承认，恕难照办"的态度，论理而不是吵架，让他感觉到你的思想和人格。

一个言行一致、处世有原则的人，别人自然不会小看，就算老板也不例外。

（4）别太计较

不要对老板的挑剔或刁难过于计较，过去的就让它过去吧！应把工作的重点放在最重要的位置。遇到什么样的老板是可遇而不可求的，假如眼前的这份工作能满足你的要求，比如，丰厚的薪水、优雅的工作环境等，那么你就不要放弃这份工作。假如你十分喜欢自己的工作，想在上面做一番业绩，那就尽量不要放弃目前的工作，不要把老板的人品与钟爱的事业同日而语。

3. 怎样与顽劣贪婪的老板相处

顽劣贪婪的老板私欲太重，就好比一个永远也填不满的无底洞，他的贪欲是没有止境可言的。这些人，慷国家之慨，中饱私囊，是社会的一大蛀虫。

遇到这样的老板，该怎样对待呢？

（1）按原则办事

照章办事，坚持原则，是工作人员应遵守的纪律。不要因他曾栽培、提携过你，为感恩戴德就放弃原则，与其同流合污。

如贪婪的领导想以巧立名目、偷梁换柱的方式满足私欲，你可用"财务检查不好过关"、"不好报账"、"审计太严格"等借口予以搪塞或回绝。使他感到你"不给面子"、"不好对付"、"难以打开缺口"、"太死板僵化"。屡次碰壁后，他就有可能有所收敛。当然，这样做要顶着极大的压力，冒着遭受打击排斥的风险。但假如你应允了，就会越陷越深，其后果是不堪设想的。因此，要有勇气顶住压力，坚持原则，坚信"多行不义必自毙"这个亘古不变的真理。

（2）多留个心眼儿

假如迫于老板的压力，不得不按照他的意思去办，但自己要多留个心眼儿，把一些可疑的地方悄悄记在本子上，一旦等事态败露，作为证据立即交出。假如掌握了老板贪赃枉法的确凿证据，可采取匿名的方式，向有关部门打电话或写信举报。这样不但可以为民除害，同时也减轻了自己所受到的压力和威胁。

4. 怎样与自私的老板相处

自私的老板往往考虑的只是他自身的利益，他从不站在集体的立场上考虑问题，更不会替下属着想。为了满足他自身的利益，他可以置集体或下属于不顾，甚至不惜牺牲集体或下属的利益。在与自私的老板相处时应该注意：

（1）洁身自好

不能为虎作伥，这种自私的人什么事都做得出。他可能把得到的私利分你一半，但在引起众怒的时候，也会把你抛出去当替罪羊。老板的任职毕竟没有你的名声长久，故不可与之同流合污。

（2）用沉默表示抗议

假如他的所作所为实在过分，可用沉默表示无言的抗议。聪明的老板会领会下属沉默的含意。"沉默是金"，沉默有时会成为有力的、强大的武器，沉默会给人以压力，聪明的老板在这种无形的压力面前，会静下心仔细思考自己的行为，从而认识到自己的过错而罢休。巧用沉默，是我们对待自己的老板的有效手段。

（3）有原则地代上司受过

我们必竟是下属，下属与老板所处职位不同，所受压力便不同，所承担的责任也不同，所能承受的错误自然也不同。下属代老板受过，可以说在现在已成为一条不成文的规定，而且从中我们会受到老板的感激，也许以后的路也会好走一些，因此我们可以替上司受过，但一定要有原则。对于某些情况而言，下属决不要轻易代老板受过，如非常重要的恶性事故、造成重大经济损失或政治影响的事故，以及一些已经触犯到法律的事情，在这些情况下，假如你仍然为顾全老板的面子而做掩饰，甚至把责任揽到自己头上，其后果是不堪设想的，这会害了你自己，为这样的老板付出牺牲太不值得了。

5. 怎样与阴险的老板相处

这样的人做了你的老板，可真是你人生的大不幸。稍有不慎，你就有可能成为他的报复对象。与这样的老板相处，只有兢兢业业，一切唯老板马首是瞻，卖尽你的力，隐藏你的智慧。卖力易得其欢心，隐智易使其轻你，轻你自不会防你，轻你自不会忌你。如此一来，或许倒可以相安无事。像这种地方终不是好的久居之所，假如希望有所表现的话，劝你还是速做远走高飞的打算。

6. 怎样与傲慢的老板相处

一些人之所以显得傲慢、不可一世，是因为他具有别人无法攀比的优越条件，或者是高人一筹的才智。傲慢的人最容易刺伤别人的自尊心，很让人反感。

假如你的老板是这种人物，与其取宠献媚，自污人格，不如谨守岗位，落落寡合。这样，他人虽然傲慢，但为自己的事业计议，也不能专蓄那些食利的小人，完全摒弃了求助的君子。一有机会你就该表现出你独特的本领，只要你是个人才，不愁他不对你另眼相看。

你要读懂同事的内心

生活中，每个人总是承受着来自各方面的威胁。这些威胁绝大多数是隐性的，都是你很难体察到的，而且多数来自于你的同僚。许多同僚对你的态度很和顺，有说有笑。你甚至把他们当做了自己最亲近的人，把自己的所有情况，包括欢乐和悲伤、喜好和憎恶，都毫无保留地告诉了他们。但是，有些人往往并不会对你抱以真心，在透彻明晰地了解你、洞悉你的弱点后却把它作为打垮你的利器，从而把可能作为他们的潜在威胁的你清除掉，这才是他们的目的，所有的一切都是一个圈套。直到你被他们打得落花流水，地位全无，一直沉浸在畅想之中的你才会如梦初醒。

围绕在你周围的很多人，都表现得对你非常友善、肝胆相照，并且信誓旦旦地要和你一起合作，共同创造一片新天地。面对这种情况，你也许会无所适从，因为你无法确定哪个是真的、哪个是假的。但是，如果你真正地观察体验，真假还是很容易鉴别出来的：

1. 对方在倾听你诉说的时候是报以真诚的同情和感慨呢，还是目光闪烁，有时出现若有所思的样子呢？如果是后者，那么对方很可能是一个居心叵测的人。当然，这需要你去仔细观察他的言行并注视他的眼睛。

2. 仔细地回想一下，当你有意无意地想结束自己倾诉的时候，他是不是很巧妙地利用一些隐蔽性极强的问题重新打开你的话匣子呢？而且，你随后所说的内容又恰恰是容易被别人利用的东西。

3. 如果你偶然得知有人总是在不经意之中向你所亲近的人打听一些有关于你的消息，那么你最好疏远他们。

4. 有些笑容并不是很自然，而像是从脸皮上挤出来的。有时你觉得并没有丝毫可笑的地方，而对方却能够笑起来，这种人也要适当地多加小心注意。

5. 如果有些东西你觉得实在忍不住，不吐不快，那么你要尽量找一个自己亲近的人诉说一番，比如你的父母、妻子甚至孩子。这会缓解你心中的郁结，减少情绪上的大起大落。

现代生活的交际令你随时都要面对各种人，如何与这些人相处，怎样了解他们是何种性格的人，是摆在你面前的首要问题。

交换名片，是彼此传达身份信息的一种手段。但是有的人即使在非正式的场合中，也喜欢递出名片，在公共汽车上、小吃店偶然邂逅朋友、熟人，也要拿出一张名片，甚至到酒吧喝酒时，都不忘给服务员名片。这些人动不动就拿出自己的名片，是因为他们在评价对方时，很容易受对方的工作、职位或学历等所左右，由于这种心理的投射作用，也喜欢在名片上印自己喜欢的、认为别人会对他另眼相看的各式头衔。当他们拿出名片交给对方时，便判断对方一定也会把自己捧得高高在上。但事实上人们并不都是用头衔来判断一个人。相反地，他们的这种举动反而更容易让别人发现他潜藏于心的自卑感。

常见有人喜欢向同事问东问西，而其询问的内容不外乎是与自己有关的事情或人。这是因为这些人无法适应自己的工作环境，如果要适应的话，他们就必须使自己的价值观和生活方式与环境协调，才能使自己安心。当然他们也有志成为其中的一员，但只是有这种想法，却无法付诸实行。在心有余而力不足的情形下，自己的理想和现实产生差距，这种差距就造成了自卑感。只要一触及自身这类较敏感的问题，他就会感到强烈的不安。

有的人常喜欢毛遂自荐，即使明知自己无法胜任，他们也硬要推销自己。但有的人却恰好相反，明明有个让他们一展才华的机会，却退缩迟疑。后者这种看似谦虚的美德，实际上是缘于他们害怕暴露自己的弱点。

其实他们也有他们的理由，因为并非他们喜欢畏缩，只是这种人对自己太没自信了，只要能够确认自己有能力，他们一定会着手办理，不需他人要求。但并不是说这种人的理想过高，而是指这些人尚未建立与公司的同一性，他们认为自己不是公司里的专家。更简单地说，这种人还没有彻底适应其工作场所。由于感受到现实与理想的差距，他们就会认定有许多困难存在，因而畏缩不前。

行事认真的人，也许办事的速度不快，但由于他们不会敷衍了事、半途而废，所以完成的工作定能博得他人的信赖。

有的人办事不仅认真，甚至还吹毛求疵，这就有点矫枉过分了。办事过于认真的人，从办公室的桌子就可以看出：他们的桌子总是摆放得整齐规矩。

若有人在他不在时，顺手借用他桌上的东西，即使过后再放回桌上，他一眼就能看出东西有人动过，会很不高兴地表现出来。这种行为，除了会令周围的人神经紧张外，他自己也为此而苦恼。

这些人很清楚自己过于认真的行为并不合乎常理。若从单纯角度来看，一定会认为既然他自己也知道不合理，只要改正不就好了？可是问题是他们根本无法改变自己，如果他们中止了这些行为便会失去平衡。

这种行为，是心理学上典型的"强迫观念"。有这种行为的人，常给别人一种神经质的印象。

有拒绝上学倾向的孩子，一旦远离了父母的保护，成长为有自我判断力的社会人后，通常会以较宽容的态度对待自己、对待别人。但此时另一种被人忽略，类似学生的拒绝上学症的心理拒绝上班症便出现了。

为什么有人会产生这种心理呢？这是因为他们有一种想从自己必须完成任务的现实环境与组织中逃脱出来的心理。而此逃避的倾向，就是因为他们认为自己所属的组织（也可以说是他们的工作单位）中的人际关系是一种负担，这种负担构成了精神压迫，使得他们拒绝上班。

主要的原因，是因为他们与工作场所中的气氛不能协调。换句话说，就是其内心与工作场所有差距。

基于此，这些人自觉无法忍耐这种差距，只好采取一种特殊行为填补这种差距，结果愈加精神紧张。当自我忍受不了时，他们就会想逃离工作场所。由此可知，这种人一定是尚未确立自我，且尚未完成与工作场所的同一性。

在任何团体中，总有一两个八面玲珑的人，虽然他们的表现方式各有不同。

这类人的典型行为是，他们能轻易地和陌生人打成一片，在同事聚会等活动中，往往是别人最常邀请的对象，对这点他们相当自豪。但他们很少想到，其实大多数的人，只有在无利害冲突的情形下才会邀请他们。

造成此种行为的原因，是这些人始终对自己的存在价值不明确，亦即他们尚未确立自我信念，因此容易接受他人的想法、价值观，但也因此给人左右逢源的印象。

站在这个角度观察，这些人明朗快活的背后，隐藏着一份悲哀感，他们内心是很孤独寂寞的。

看透下属的心理

历史上，伯乐善于相马，然而"千里马常有，而伯乐不常有"。世间上，有才华、有能力的人很多，只是善于相人而又懂得用人的人，恐怕并不多。所以，做主管的人，除善于相人之外，更要善于用人，这才是最重要的。相人之术有以下四点：

第一，以利诱之，审其邪正；

第二，以事处之，观其厚薄；

第三，以谋问之，见其才智；

第四，以势临之，看其能力。

"相由心生，貌随心转"，一般的江湖术士算命，是从一个人的相貌来断定一个人的命运与未来。其实，人的命运不在相貌上，而在他的心地与行为上，所以真正会相人的人，要看这个人的心术正邪、待人厚薄、才情胆识如何。

第一，以利诱之，审其邪正。"君子临财不苟得，小人见利而忘义。"所以要知道一个人是正人君子或是奸佞小人，可以用重利来诱惑他，看他的态度、反应如何。如果是有道之人，对于无端而来的利益，他会一分不取，表现正直的本性；如果是无德之人，有一点小小的利益，他就如蝇逐臭，不顾一切，趋之若鹜。所以，是君子、是小人，利益之前，无所遁形。

第二，以事处之，观其厚薄。厚道的人，处世宁可自己吃亏，决不以自己之长来彰显他人之短；薄德的人，遇事但求有利于己，不管他人的名誉是否受损。所以如果要知道一个人的道德厚薄，只要跟他相处共事，从他的行为就能看出人格高下。

第三，以谋问之，见其才智。有智能的人，胸藏兵甲，腹有韬略，做事懂得安排计划，尤其善于出谋划策，如果你问计于他，他会有很多中肯的意见。如果是一个才智平庸、没有智能的人，胸无点墨，既说不出一点道理，也没有半点能耐。所以一个人的才智如何，看他谋事的能力即可。

第四，以势临之，看其能力。一个人如果能力不高，容易滋生事端；有能力的人，才能担当大任。要看一个人的胆识如何，可以用权力来逼迫他。领导者要知晓下属能力，可以故意把事情搞得很复杂，然后让下属去判别。这样，领导者在不经意间更易识得人才。

这里有一个典型的事例。李德裕少时天资聪明，见识出众。他的父亲李吉甫常常向同行们夸奖李德裕。当朝宰相武元衡听说后，就把他召来，问他在家时读些什么书，言外之意是要探一探他的心志。李德裕听了却闭口不答。武元衡把上述情况告诉给李吉甫，李吉甫回家就责备李德裕。李德裕说："武公身为皇帝辅佐，不问我治理国家和顺应阴阳变化的事，却问我读些什么书。管读书，是学校和礼部的职责。他的话问得不当，因此我不回答。"李吉甫将这些话转告给武元衡，武十分惭愧。

有人评论说："从这件事便可知道李德裕是做三公和辅佐帝王的人才。"长大以后，李德裕真的做了唐武宗的宰相。

智慧之人会从扑朔迷离中判明真实情况，这种方向感有助于在实际的处世中保持清醒的头脑和敏锐的眼光，从而洞察事情的本质。这是领导者必具的才能，也是领导者选人应参照的一个重要因素。

有勇，诚是可嘉；有智，实也难得，但要有大智大勇之才，则是不易。领导者若能识出大智大勇之才并加以任用，必然会给自己的事业带来巨大的帮助。因为智勇双全之才，一方面有过人的谋略，在办事之前定经过一番周密的算计，对以后的行动有全面的指导；另一方面，还有敢于拼搏、敢于进取创新的勇气，而这往往又是许多人才所欠缺的。

南北朝时，北齐的奠基人高欢为试验他的几个儿子的志向与胆识，先是给他们每人一团乱麻，让他们各自整理好。别人都想办法整理，唯独他的二儿子高洋抽出腰刀一刀斩断，并说："乱者当斩。"高欢很赞赏他的这种做法。接着，又配给几个儿子士兵让他们四处走走，随后派一个部将带兵去假装攻击他们，其他几个儿子都吓得不知怎么办，只有高洋指挥所带的士兵与这个将军相斗。将军脱掉盔甲说明情况，但高洋还是把他捉住送给高欢。高欢很是称赞高洋，对长史薛淑说："这个儿子的见识和谋略都超过了我。"后来高洋果然继承高欢的事业，成为北齐的第一位皇帝。高欢以是非识人，确实成功，而高洋也以自己的大智大勇成就了一番霸业。

学会与不同性格的对手周旋

每个人的爱好、想法都不一样，所以我们经常遇到的对手也各不相同。

与人交涉时，倘若能够明白对手属于何种类型，应付起来就比较容易了。现在列举几类人供你参考：

1. **死死板板的人**。这类型的人，就算你很客气地与他打招呼、寒暄，他也不会作出你所预期的反应来。他一般不会注意你在说些什么内容，甚至你会怀疑他听进去没有。你是否也遇到过此类型的人呢？

与这种人打交道，刚开始多多少少会感觉不安，但这实在也是没有办法的事情。

遇到这样的情况，你就要花些工夫，仔细观察，注意他们的一举一动，从他们的言行中寻找出他们所真正关心的事来。你可以随便和他们闲聊，只要能够使他们回答或产生一些反应，那么事情也就好办了。接下去，你要好好利用这一话题，让他们充分表达自己的意见。

每一个人都有他感兴趣和所关心的事，只要你稍一触及，他就会滔滔不绝地说，此乃人之常情，因此，你必须好好掌握并利用这种人性心理。

2. **顽固不通的人**。顽强固执的人是最难应付的，因为不论你说什么，他都听不进去，只知道坚持自己的意见，死硬到底。与这种顽固分子交手，是最累人且又浪费时间的一件事，结果往往徒劳无功。所以，在你和他交涉时，千万要记住"适可而止"，否则，谈得愈多、愈久，心里也就愈不痛快。

对付这类型的人，你不妨及时抱定"早散"、"早脱身"的想法，随便敷衍他几句，不必耗时、费力，自讨没趣。

3. **草率决断的人**。这种类型的人，乍看好像反应很快，他经常在交涉进行至最高潮的时候忽然妄下决断，予人"迅雷不及掩耳"的感觉。由于这种人多半是性子过于急躁，因此，有的时候为了表现自己的"果断"，决定就会显得随便而草率。

由于他们的"反应"太快，每每会对事物产生错觉和误解。其特征是：没有耐心听完别人的谈话，往往"断章取义"，自以为是地作出决断。

如此虽使交涉进行较快，但草率作出的决定，多半会留下后遗症，招致意料不到的后果。

假如遇到此类型的人，最好按部就班一步一步来，把谈话分成若干段，说完一段（一部分）之后，马上征求他的同意，没问题了再继续进行下去，如此才不致发生错误，也可免除不必要的麻烦。

4. **深藏不露的人**。我们周围存在着很多深藏不露的人，他们不肯轻易让人了解其心思，不愿让人知道他们在想些什么，有时甚至说话不着边际，一谈到正题就"顾左右而言他"。

当遇到这样一个深藏不露的人时，你只有把自己预先准备好了的资料拿给他看，让他根据你所提供的资料作出最后的决断。

人们多半不愿将自己的弱点暴露出来，即使在你要求他给出答案或判断的时候，他也会故意装作不懂，或者故意闪烁其词，使你有一种"高深莫测"的感觉。其实，这只是对方伪装自己的手段而已。

5. **行动迟缓的人。**对于行动比较缓慢的人而言，最需要的就是耐心。

你与对方交流的时候，或许也常常会碰到这种人，此时你绝对不能着急，因为他的步调总是无法跟上你的进度，换言之，他是很难达到你的预定计划的。因此，你最好捺住性子，拿出耐心，尽可能配合他的情况去做。

6. **自私自利的人。**这世上自私自利的人为数不少，无论你走到哪儿，总会遇到那么几个。

这种人心目中只有自己，凡事都将自身的利益摆在前头，要他做些于己无利的事情，他是不会考虑的。

他们始终在计算着自身的利益。正因为他们最看重数字，故有所坚持的，一定是自己的利益；至于其他事情，他们不会在意怎么做好它，只考虑怎样做才最省事。这种悭吝之徒，任谁都不会对他们产生好感的。

但是，当我们不得不与其接触、交涉的时候，只有暂时按捺住自己的厌恶之情，姑且顺水推舟、投其所好。当他发现自己所强调的利益被肯定了，自然就会表示满意，如此，交流就会很快获得成功了。

7. **傲慢无礼的人。**有些人自视甚高、目中无人，时常表现出一副"唯我独尊"的样子；像这种举止无礼、态度傲慢的人，是最不受欢迎的典型。但是，当你不得不和他接触的时候，你该怎样对付他呢？

某个单位的一位负责人，说话虽然客气，眼神里却有些许的傲慢，且不带一丝笑意，这种人实在是很不好对付的，当初次会见他的时候，给你的感觉是有一种"威胁"的存在。

对付这一类型的人，说话应简洁有力才行，最好少跟他啰唆，所谓"多说无益"，因此，你要尽量多加小心，以免掉进他的圈套里。

不要认为对方对你很客气，就礼尚往来地待他，实际上，他多半是缺乏真心诚意的；你最好在不得罪对方的情况下，言词尽可能做到"简省"。

当然，任何一个人都有自己的立场和苦衷，这位负责人可能自觉"怀才不遇"，或怨恨自己运气不好、无法早点出头；又由于其在社会上摸爬滚打甚久，城府颇深，故尽管不受领导眷顾，也会在"保卫自己"的情况下与人客气寒暄。因此，我们只要同情他，而不必理会他的傲慢，尽量简单扼要地与他交涉就可以了。

8. **沉默寡言的人**。与不爱开口讲话的人交涉事情，实在是十分吃力的事情；因为对方太过于沉默，根本就没办法去了解他的想法，更无从得知他对自己是否具有好感。

曾有一位新闻记者，为人沉默寡言，怎么看也不像是个记者。无论你与他说什么，他总是以沉默回答，你真是拿他没有任何的办法。当有人给他介绍广告客户的时候，他也只是淡然地说声："哦！是这样啊。"然后手持对方名片，呆呆地看着。

对于这类型的人，你最好采取直截了当的方式，让他明白表示"是"或"不是"、"行"或"不行"，尽量避免迂回式的谈话，你不妨直接地问："对于甲和乙的两种方案，你认为谁的方案比较好？是不是甲的方案好些啊！"

9. **毫无表情的人**。人的心态和感情，往往会通过脸部的表情显现出来，故在与人交流的时候，表情往往可供作判断情况的工具。

然而，有些人却是毫无表情可言的，也就是说，他的喜怒是不形于色的，这种人若非深沉，就是呆板。当你和这种人进行交际时，最好的方法就是特别注意他的眼睛和下巴。

常有人说："眼睛是会说话的。"诚然，眼睛是灵魂之窗，"观其眸子"，你自然可以知道他的心思。

往往，你可以从对方的表情中看出他对你所持的印象究竟怎样。

有时候，自己会过分紧张得连表情都很不自在，此时，你不妨看看对方的反应：是不加注意、无动于衷？还是已然察觉、面露质疑？留意他的眼神，你一定可以得到答案。

有时候，适度地紧张和放松，也可以在交际中形成一种理想的气氛或局面。只是，当你明白对方的反应是受自己的应对态度所影响，进而影响到交际的结果时，就不得不特别注意、研究一下自己的言行举止了，尤其是脸上毫无表情的人更应注意才行。

练就一双识英才的慧眼

用人的首要前提是一定要会"识人"。如果一个老板不会识人，对自己手下的员工各自的性格、特点、长处和缺点没有一个清楚的认识，那么他（她）又何谈正确地用人呢？可是，要迅速、全面而正确地观察出一个人比较重要的各种素质并非易事，这需要老板们对于察人法有着比较高的造诣。

中国自古以来就有察人法的存在，识人基本上是出于一种对人心理上的判断，与现代的心理学研究的问题有相通之处，但这与多少有迷信色彩的相人不同，它主要是以相人为基础，进一步分析人的眼神、表情和举止动作等一些细微的方面，从而得到对一个人综合性的判断。对于这些，说起来似乎神乎其神，不易做好，但只要老板具有足够的耐心和细心，也是可以具有一双慧眼的。

汉高祖刘邦年轻时做客吕公家，吕公见刘邦相貌奇特，当时就决定将唯一的千金许配给他。那就是后来闻名一时的吕后了。

三国时的桥玄，初见曹操便直断其有安百姓的才能。桥玄观察曹操的一言一行，心中便已明白此年轻人不简单，因而也就给了很高的评价："卿治世之能臣，乱世之奸雄也。"也就是说曹操在太平无事的时候可以当一个能干的大臣，而在生逢乱世的时候就能成为世间的奸雄。据说曹操"闻言大喜"，认为桥玄是了解自己的人。而后来事情的发展也充分地证实了桥玄的预言。

要做好识人这一步，是需要坚持一些原则和要领的。老板识人，至少要掌握三大原则：

第一，从外部表现看内部实质

识人当然是从人的外部表现开始，但是却不能停留在外部表现，而要从一个人外在的表现看出他（她）内在的品性，这样做方才是正确的识人之道，然而这实在不是一件简单的事情。

人的外在表现一般包括人的精神面貌、体格筋骨、气质色相、仪态容貌和言行举止等。《人物志》共列出了九征，分别为神、精、筋、骨、气、色、仪、容、言，根据这九种外在的表征，可以看出一个人所具有的性情，从而了解他（她）的勇怯、强弱、躁静、缓急等等。

性情的重点在于情而不在于性，原因是情是由性生出来的，同时情也要受环境的感染，人人几乎各有不同。所有这些都决定了人情的变化相当繁杂，如果用分类法来加以区分和归纳，实际上都显得牵强而不够精细。但是，以简御繁，把人情归纳成几种简单的类型，仍然是十分必要的。例如《人物志》所采用的十二分法，便是把形形色色的人，根据性情归纳成十二种不同的类型，通过进一步分析其利弊，便可以为知人善任提供有力的参考，以便于老板对人才的明辨慎用。当然，这个过程需要不断的进行，只要老板有心这样去做，并在实践中不断积累察言观色的经验，是可以做到由外见内的。

第二，由显著表现看细微个性

我们做事情的原则，在于由小见大，由微见著。但是识人的要领，则正好相反，而在于由显见微。

有些人常常东张西望，心浮气躁，有些人则安如泰山，气定神闲。前者往往是拿不定主意、犹豫不决的人，而后者则很可能是临危不乱的高人。一个人的气质到底如何，很容易从他的容貌和姿态上看出来，无论是眼神、印堂还是眉宇之间，都相当地显著。

但是，作为一个老板，要从这些人所具有的明显特征中看出其细微的性格特征来，则并非是一件容易的事。这尤其需要老板有丰富的经验、广博的学识和敏锐的观察能力。

第三，认识共同点，辨析不同处

人看来看去，似乎只有那么几种类型。然而只要再细加分析的话，也不难发现，其实同一类型的人往往又具有各自不同的性情。从这些不同的差异中看出其共同的本质，固然对老板来说可以从整体上把握一类人的普遍共同点，能够从一个新的高度对人的类型有清醒的认识。但是从共同中要发现各自的差异，也是十分必要的。

例如，历史上的王莽和诸葛亮有很多相同的地方，但结果是王莽篡位，而诸葛亮则为蜀国鞠躬尽瘁，死而后已。如果老板做不到识同辨异，总是把王莽和诸葛亮混为一谈的话，那么最终倒霉的只能是老板自己。

同样都是干事积极，劲头十足，有些人只是在瞎胡闹，看上去忙忙碌碌，其实什么成果也没有。而有些人则卓有成效，每一件事情都安排得井然有序，成绩斐然。也同样都是能言善道，有些人只是在空口说白话，虽然口若悬河、滔滔不绝，但是只要真把什么事情交给他（她），则不会有什么好结果。而另一些人则说话算数，说到做到，办起事情来相当可靠。

所以老板要能分清这些人，才能有效地使用人才，走向成功。但是还有一类人是最可怕的，这类人往往缺乏定性，一会儿如此，一会儿又不是如此，令老板捉摸不透，对于这种人，老板也最好不要信任他（她），否则也只能是自吞苦果。

总而言之，老板如果想要探知各种人的内在本质，以做好识人这一步，那么就应该掌握以上三大原则，并依此对人的性情做深入细致的观察，然后再具体分析他（她）的优点和不足之处，对他（她）有一个十分具体而实在的把握。

只有通过这样有总有分、总分结合的方式，老板才能既不失一般性，又不失特殊性地掌握各种人的本质，做到心中有数。当然，作为一个老板，千万不要期待任何形式的完美无缺，这无论在理论上还是现实上都是行不通的。老板用人，贵在知人长短，取其所长，避其所短，这样才能让每个人都充分发挥他（她）的才能，为公司作出最大的贡献。

分清不同类型的朋友

每个人结交朋友都应分清朋友的类型。下面是朋友的几种主要类型。

诤友型。诤，直言规谏。即在朋友之间敢于直陈人过、积极开展批评的人。奥斯特洛夫斯基说："所谓友谊，首先是诚恳，是批评同志的错误。"交诤友是正确选择朋友的一个重要方面。诤友，像一面镜子，能照出每个人身上的污点。

《三国志·吕岱》篇中有这样一个故事，吕岱有个好友徐原，"性忠壮，好直言。"每当吕岱有什么过失，徐原总是公正无私地批评规劝。徐原的这种做法受到了一些人的非议，吕岱却赞叹说："我所以看中徐原，正由于他有这个长处啊！"直言敢谏，言所欲言，指出朋友的过失或错误，这样才是对朋友真正的爱护。陈毅元帅曾写过两句诗："难得是诤友，当面敢批评。"《诗经》上"如切如磋，如琢如磨"的诗句，也是说朋友之间要互相帮助、互相批评。人非圣贤，孰能无过？有了过失，在别人的帮助下，则可以及时发现并得到改正。

导师型。在人生的道路上，如果得到导师型朋友的指点和帮助，就能使你少走弯路。历史上不乏这样的例子，有的人竭尽平生之力，但在事业上一筹莫展，结果朋友的一句话却使他茅塞顿开。"与君一席话，胜读十年书"就是这意思。导师型的朋友往往在某一领域有着丰富的经验。科学史上戴维和法拉第的友谊，一直被人传为佳话。当法拉第成为近代电磁学的奠基人，誉满全欧洲时，他还是常对人说："是戴维把我

223

领进科学殿堂大门的!"可见，导师型的朋友常为困境中的友人指点光明的所在，常为在事业上做最后冲刺的友人送去呐喊和力量。

患难型。顾名思义，患难之交对人生的重要性丝毫不亚于经久的交往，尽管事过境迁，但友谊却与日俱增。他们相逢于危难之中，相助于困难之时。

相同的命运和遭遇铸造了强有力的友谊的链节，使友谊牢不可破。因为他们相交于人生的十字路口，即使在一起的时间十分短暂，但毕竟相互分享了忧愁和困苦，这会使友谊因基础牢固而地久天长。

异性型。古今中外，都流传着许多男女之间友谊的动人故事。俄国音乐大师柴可夫斯基和梅克夫人之间的友谊，便是其中一例。有一次，梅克夫人在听完柴可夫斯基的《第四交响乐》后，回家马上写信给柴可夫斯基："在你的音乐中，我听到了我自己……我们简直是一个人。"

由于性别上的差别，一般来讲，男性刚强、勇敢，女性心细、富有同情心。在困难和挫折面前，女性需要男性的保护和帮助，男性则需要女性的安慰和体贴。因此，异性之间的友谊也可以像同性友谊一样密切，并可产生特殊的力量。

信息型。这类朋友交友甚广，从事新闻、资料和某种社会性工作，他们对新鲜事物有一种特殊的敏感，常被人称作"消息灵通人士"。在当今社会，信息已成为不可缺少的宝贵财富，众多信息报刊和沙龙的出现，就很能说明问题。据说有一位科研工作者花了近十年的时间，搞出了一项发明，后来才知道类似的产品早在十多年以前别人就已发明了，并申请了专利。这位科研工作者白白浪费了这么多时间和精力，如果当时有一位这方面信息灵通的朋友，事先把消息告诉他，就不会有这样的遗憾事了。

娱乐型。人，除了工作、学习之外，还需娱乐、休息。而且许多娱乐活动需要两人以上才能开展，于是便产生了娱乐型朋友。德国近代斐声文坛的大诗人歌德和席勒的友谊历来为人们称颂。他们两人经历不同，性格各异，但从 1794 年开始初交，直至 1805 年席勒去世，十载春秋，两人情同手足，正是因为他们的友谊植根于兴趣和爱好相同之上。正如歌德所说："像席勒和我这样两个朋友，多年结合在一起，兴趣相同，朝夕晤谈，互相切磋，互相影响，两人如同一人……这里怎么能有你我之分呢？"

人的生活岁月，主要由劳动时间和闲暇时间组成，兴趣和娱乐可以给事业增辉。值得一提的是，过去我们常把娱乐型朋友看成是吃喝玩乐的酒肉朋友，甚至把它与"轧坏道"相提并论。其实，这是一种偏见。

健康的娱乐活动能陶冶人们的性情，娱乐型朋友之间同样能建立真挚的友谊。随着人们物质文化生活水平的迅速提高，生活将变得更加丰富多彩，社交范围也势必随之扩大，娱乐型朋友必然会成为朋友中的一个重要类型。

一眼看穿他的真实用意

一个卓有见识的人，即使在十分安全的地方，对生活中发生的不同寻常的事情或举动都会居安思危，事先看透他人的真实居心，而采取未雨绸缪的防范之策。

春秋战国时期，赵国的国王赵简子想确立王位的继承人。于是赵简子便写了一篇训辞，并将训辞分别写在两块竹简上面，叫两个儿子各执一块，并要他们熟记训辞的内容。3天之后，赵简子将大儿子伯鲁叫到身边，要他背诵训辞，可伯鲁一个字也没有背出来；叫他把竹简拿出来看一看，伯鲁说早就弄丢了，现不知去向。赵简子虽然不悦，但并未面斥。接着赵简子又把无恤叫来，叫他背诵训辞，无恤从头至尾一字不漏地背了出来，后问他竹简在哪里，无恤立即从袖中取出，并恭恭敬敬地奉呈给赵王。赵简子心里虽然高兴，但并未夸奖。通过这次考验，赵简子了解了两个儿子的做事态度，认为无恤能够严守父训、做事认真、听从教育、勤谨有礼，便确立无恤为他的继承人。

与赵简子相反，出身农户的刘裕虽没有多少文化，却能够一统天下，他凭借的是自己的豪侠志气。

刘裕在东晋末年南北朝混战之际，崛起于行武，终其一生，戎马倥偬。这位靠战争登上皇位的农家子弟勇武善战，胸有韬略，的确充满了"金戈铁马，气吞万里如虎"的英雄气概。刘裕曾在桓玄手下做一个小小的头目，当时桓玄已篡位，在私下，桓玄的夫人对桓玄说道："依我看来，刘裕龙行虎步，风度不凡，恐怕不能为人下，不如早点除掉他，迟了恐怕养虎为患。"桓玄说："我刚刚平定中原，目前正是用人之际，战时杀他对我没有什么好处。等北方平定之后再作打算吧。"一个女子能够很快看出一个人的将来，是与她平素阅人无数，得出的结论分不开的。只是等到桓玄"再作打算"的时候，刘裕早已羽翼丰满，率领他的人马向自己的帝王之路进发了，不出几年便夺取了天下。

由此不难得出一个结论，锥处囊中，锋芒终显。一个有才能的人即使身处低位，也会通过言行举止表现出不凡来。这些不凡，是需要用心灵的睿智和慧眼去观察的。

那么，怎样才能了解一个人的本质呢？大致可以分以下几步来进行：

第一个阶段是描述性阶段，通过初步的接触、观察即能描述所观察对象的外貌特征、兴趣爱好以及文化水平程度、工作情况、社会地位等等。

第二个阶段是预测性阶段，即进一步了解观察对象的性格特点、思维特征、思想感情、为人处世的态度等等。此阶段不但能够准确地描述一个人，而且还能预测到一个人的行为。

第三个阶段是解释性阶段，即进一步对一个人的性格成因、生活经历、行为动机及心理基础等进行全面的了解与认识。此阶段不但能预测一个人的行为，同时还能解释其行为的动机以及性格的心理基础。由此，观察一个人，必须正确掌握观察的深度，特别是对一个未知的"陌生人"更不可盲目地下结论，只有通过多方面的认真考察，才能获得准确的了解。

通过三个阶段的融会贯通，人们可以很快地了解一个人的内心动态，从而推断一个人的未来与动向。不少人行为反常、性格怪异，甚至表现为顽劣不堪，但明眼人能透过这表面现象看出他们的本来面目。

伟人与凡人、心力高超的人与智力平平的人，差别仅在咫尺之间。就是在那很微小的地方，有的人发现了重要的甚或石破天惊的事件，有的人却一无所见。因此，每个人都不可忽略小事，常常就是在小事上，就在对一个人举手投足的认识上，可以看出事物变化的真实情况。